Bewußt sein - Oder krank

oder

Über Krankheit und Heilung
Über Streß und Streßbewältigung

Zweiter Teil: Über Lebensrhythmen, Yoga und das Leben

Wollen wir Krankheit z.B. durch Impfen vermeiden, müssen wir uns folgendes vergegenwärtigen:
Krankheit entsteht infolge der Spannung aus dem Konflikt zwischen innerer und äußerer Wirklichkeit.
Auch die Angst, daß unsere Kinder erkranken und daraus Schaden nehmen könnten, stammt daher.

Ein Modell der Stellung des Menschen im Kosmos; Chancen und Gefahren.
Hinweise zu einzelnen Mechanismen der Krankheitsentstehung
und deren Vermeidung;
kurzer Leitfaden zur Wiedererlangung und zum Erhalt der Gesundheit.

Von Dr . W. Splittstoeßer

Die Deutsche Bibliothek – CIP-Einheitsaufnahme

Splittstoeßer, Wulf:

Bewußt sein – oder krank oder über Krankheit und Heilung, über

Streß und Streßbewältigung / von W. Splittstoeßer.

- Kelkheim : Splittstoeßer

Teil 2. Über Lebensrhythmen, Yoga und das Leben.

- 2., überarb. Aufl. – 1999

ISBN 3-934022-33-2

Impressum:

2. überarbeitete Auflage September 1999

Herstellung: Libri Books on Demand

Gewidmet allen Kindern dieser Welt.

Alle in diesem Buch gemachten **Äußerungen sollen Anregung** sein, das Bekannte **zu hinterfragen und** Neues auf seine Bedeutung **zu prüfen.** Bevor Sie für sich selbst oder die Ihnen Anbefohlenen Entscheidungen treffen, deren Umsetzung für die Gesundheit bedeutsame Veränderungen nach sich ziehen kann, **beraten Sie sich** ggf. auch mit mehreren Ärzten Ihrer Wahl, prüfen Sie, und **behalten Sie nur das für sich als wesentlich, was sie bereit sind, selbst zu verantworten.** Nur so können Sie, der Tragweite Ihres Tuns bewußt, eigenverantwortlich handeln. Verantwortung können sie nicht abgeben. **Mit den Folgen ihrer Entscheidungen und Handlungen leben, müssen zunächst Sie ganz allein.**

In diesem Buch finden Sic viele Zitate von den Vordenkern, deren brilliante Einsichten mich inspiriert haben. Möge die Folge der Gedanken, wie ich sie hier entwickle, auch für Sie eine „neue" Erkenntnis bewirken.

Die Hervorhebungen in den zitierten Textstellen sind vom Verfasser hinzugefügt.

Dieses Buch kann über den Buchhandel bestellt werden.

Direktbestellungen bitte unter:

Fax: 06123 - 99188

E-Mail: buch@telemail-gmbh.de

Telefonische Bestellung:

Service-Nummer. 0180 – 5 000 150

Vorwort

Als Kinder leben wir in einer Welt voller Geborgenheit – fraglos, ohne Fragen. Als Jugendliche erleben wir viele Beziehungen in der Welt teils chaotisch, katastrophal, wie ohne Zusammenhang, teils ermutigend.

Wie wir als Erwachsene im Leben stehen, hängt davon ab, wie bewußt wir unserer selbst sind. **Dieses Buch ist der zweite von zwei Bänden**, ursprünglich entstanden **als Antwort auf die Frage „wenn nicht impfen - was dann“.** Die hier gegebene Antwort geht weit über das Thema hinaus. Sie will Mut machen. Sie will ermutigen zur Selbsterkenntnis, zur Erkenntnis unserer Herkunft und unseres Zieles.

Die Textstellen, die scheinbar nicht ihre gegenwärtige Frage betreffen, können Sie getrost übergehen. Das gleiche können Sie mit den Textstellen machen, die Ihnen zu theoretisch oder zu „religiös“ erscheinen. Eventuell kehren sie dann später zu der Lektüre zurück.

Danksagung

An diese Stelle möchte ich meiner Frau und meinen Kindern, meinen Eltern, meiner Schwester und meinen Lehrern Dank sagen für Liebe, Wärme, Ermutigung und Anregung und für die Erziehung zu Klarheit und Disziplin.

Herzlichen Dank auch an Frau Linda Freytag, die mit unerschöpflicher Geduld bei Satz und bei Gestaltung dieses Buches wunderbares geleistet hat, ebenso wie Herrn Desler von der Georg Lingenbrink GmbH & CO, Frau Winter von der Xerox GmbH und Herrn Kipper von der IF Publication Service Inderfurth GmbH.

Besonders gilt mein Dank all den Müttern, die in ihrem unendlichen Bemühen um die Kinder und Familien die Hoffnung für diese Welt sind.

Über den Autor

Dr. med. W. Splittstoeßer, Jahrgang 1960, ist seit 1990 in eigener Praxis, als Arzt für Allgemeinmedizin, Homöopathie, Naturheilverfahren, niedergelassen.

Fort- und Weiterbildungen im In- und Ausland, u.a. im Bereich des Neuroassoziativen Konditionierens (NAC) sowie als Lehrer des Kundalini Yoga nach und mit Yogi Bhajan.

Tätigkeitsfeld sind seelenheilkundliche Gespräche und Trancetherapien, Supervisionsarbeit und Coaching, ebenso wie die ganzheitlich-homöopathische Behandlung von Kindern unter Berücksichtigung des psychosomatisch-familiären Zusammenhanges.

Darüber hinaus ist er in der Familienbildung und im Rahmen studentischer Arbeitskreise engagiert.

Wesentliche Gedanken hat er in seinen Büchern, **"Goldrausch oder die Frage, sind Impfungen notwendig, geeignet und zumutbar"**, **"Bewußt sein – oder krank"** und **"Skizzen zur Homöopathie"**, formuliert.

Inhaltsverzeichnis

Angst vor Krankheit macht krank.

Wenn wir unsere Kräfte aus Angst vor Krankheit mobilisieren, können wir nicht gesund werden. Ich sage bewußt, gesund werden, weil **Angst vor Krankheit bereits Krankheit** und den ersten **Schritt zur Gesundung** dokumentiert. Gesund sein und gesund bleiben, ebenso wie gesund werden, erreichen wir, indem wir Gesundheit studieren und unser Unterbewußtsein mit den Bildern von Gesundheit versorgen. Diese Bilder offenbart uns unser höheres Selbst, sobald wir den Brennpunkt unseres Bewußtseins dahinlenken.

Worum geht es in Kindheit, Adoleszenz, Reife und Alter

Die Muster, die im Umgang mit Frauen und Kindern, die beim Leben im Alltag wirksam sind, werden in der Stunde der Entscheidung nicht funktionieren.

Besondere Situationen, lebensgeschichtliche Übergänge, erfordern besondere Muster, besonderes Vorgehen.

Unordnung zu verursachen gelingt leicht und schneller als Aufräumen und Putzen.

Darum ist es sinnvoll, daß wir unsere Muster stets überprüfen und uns der Situation anpassen.

Die Fußspur, die wir im Laufe unseres Lebens in der Zeit und auf der Erde, in der Welt hinterlassen, offenbart die wechselhafte Beziehung zwischen unserem wahrhaftigen Selbst und dem, was durch Vererbung und Umwelt beeinflußt wird. **Meistens sind wir uns nicht bewußt, wie weitreichend Worte, Gedanken und Handlungen, ihre Wirkungen, wenn auch meist indirekt, aber irgendwie sich dennoch über die ganze Erde hin erstrecken.**

So ein Unsinn?

Lebensrhythmen

Wenn wir überlegen, daß wir aus Schöpfungsebenen in das Menschsein eingetaucht sind, die Ewigkeiten vor uns bestanden haben und Ewigkeiten nach uns bestehen werden, daß unser Erdendasein wohl bildhaft nur das Aufglimmen eines Funkens, aber zugleich ein Abbild unserer ewigen Geschichte ist, wird die Angst vor dem Tode in ein völlig neues Licht gerückt, wesenlos. Aus ewiger Heimat kommen wir, in der ewigen Heimat werden wir immer sein, auch wenn wir von hier auf die nächste Ebene wechseln. – Tod, wo ist Dein Stachel, Hölle, wo ist Dein Sieg... Aus der Kraft sind wir geboren, Liebe und Kraft sind unsere Natur, unsere Essenz. Alle Sicherheit, die wir suchen und finden können, liegt in uns selbst. Es ist unsere Aufgabe, Vertrauensvoll unsere Kräfte anzunehmen, zu erschließen und zu gebrauchen.

Oft kann man in eines Menschen Leben mehrere Rhythmen beobachten.
Am bekanntesten ist **die Betrachtung von Inkarnation und Exkarnation**, von dem Herabsteigen aus dem geistigen Raum und dem Zurückwenden und der Heimkehr dorthin unter Berücksichtigung der **7- Jahresrhythmen**.

In den ersten 7 Jahren der Menschenentwicklung steht die **physisch-materielle Entwicklung** des Körpers und der Organe im Vordergrund.
Im 2. Jahrsiebt entfalten **Wachstums- und Rhythmuskräfte** ihre Wirkung bei der Ausbildung des ätherisch-lebendigen Leibes.
Im 3. Jahrsiebt entwickeln sich **mit der Ausformung des astralisch-seelischen Leibes Neigungs- und Abneigungskräfte**.

Vorgeburtliche Zeit, Kindheit und Jugend gehen über in die Zeit der Pubertät. Die **nach der Ausgestaltung des Leibes und der hormonellen Funktionen frei-werdende Energie** führt beim Heranwachsenden in der Adoleszenz zu **Unruhe** und **Spannung**, zum **Streben in die Selbständigkeit**. Wünschenswert ist es zu diesem Zeitpunkt, daß bereits eine gute innere und äußere Kommunikation existiert. Doch **im allgemeinen besteht Unklarheit über Herkunft, eigene Natur und Ziel des Lebens**.

Krankheit und Lebensweg

Durch eine Impfung soll der Organismus in die Lage versetzt sein, „im **Kampf**" oder besser bei der Auseinandersetzung mit einem Krankheitserreger, dem er möglicherweise einmal begegnet, besser zu bestehen, als ohne diese Maßnahme. Schon in diesem einen Satz sind so viele Vorannahmen, daß wir ihn noch einmal in

Ruhe betrachten müssen. Als erstes fällt der Begriff des Kampfes auf. Handelt es sich um **Kampf** oder um **Auseinandersetzung** oder **um Begegnung**?
Ist eine Maßnahme wie das Impfen, erforderlich, die **Fähigkeiten des Körpers im Umgang mit seiner Lebensumgebung** zu verbessern? Welches genaue Ziel ist anvisiert? Ist **die getroffene Maßnahme in der Form**, wie sie zur Durchführung empfohlen ist, **in der Lage** und **geeignet**, den Zweck zu erfüllen? Sind die **mit der Maßnahme verbundenen Risiken** und die möglicherweise **damit verbundenen Probleme** den Betroffenen **zumutbar?**

Genau genommen produziert eine Impfung nicht eine abgemilderte Krankheit, sondern einen ganz speziellen „Gedächtnisprozeß". Nach der Auflage des Epidemiologischen Bulletins 15/98, herausgegeben vom Robert-Koch-Institut in Berlin, empfiehlt der Impfkalender für Säuglinge, Kinder und Jugendliche **bis zum 15. Lebensjahr 14 Routine-Impfungen, unter anderem mit Mehrfachimpfstoffen, gegen 9 Krankheiten.** Da gibt es für den Körper **einiges zu lernen** und es bleibt die Frage, ob **Lehrer, Unterrichtsmaterialien und Methoden** erreichen können was erwünscht ist. Es muß sogar gestattet sein, sich noch einmal zu fragen, wer genau, was genau wünscht? Diese beiden Aspekte müssen Sie aber für sich allein klären, während ich nur kurze Anregungen dafür gebe.

Während die ersten Impfungen bei den alten Chinesen und noch bei Jenner die Pockenimpfung das ursprüngliche Ziel hatte, **schwere Krankheit zu vermeiden, indem man eine leichte erzeugt**, an der der Körper gleichsam üben könne, wird der Erfolg der Impfung heute an ihrer **Fähigkeit, eine Antikörperbildung zu induzieren,** gemessen. Daß im natürlichen Krankheitsgeschehen **entzündliche Reaktionen**, eventuell auch ein **Ausschlag Teil des Heilungsprozesses** sind, bleibt dabei heute im wesentlichen **unberücksichtigt.** Im Gegenteil ist eine „Impfreaktion" der Auseinandersetzung des Körpers mit der Umwelt, in diesem Falle mit dem Impfstoff und seinen arzneilichen Hilfsstoffen sogar unerwünscht und wird häufig durch die vorsorgliche Gabe von Fiebermitteln unterdrückt. Der Prozeß der **„Impfkrankheit"** wurde **gespalten in Impfung und Krankheit**, wobei der warme, lebendige Anteil der entzündlichen Reaktion unerwünscht ist und ein kalter, mineralisationsähnlicher Prozeß gefördert wird.

Wenn wir uns vergegenwärtigen, daß auch bei den ansteckenden Kinderkrankheiten wie Masern und Windpocken **stets einige** Kinder trotz eines engen Kontaktes mit erkrankten Freunden **zunächst selbst gesund bleiben**, zu einem späteren Zeitpunkt erkranken oder nie, haben wir damit auch gefunden, daß selbst bei einer gewaltsam 100% erreichenden Durchimpfung es immer einige Menschen geben wird, die nicht reagieren. Daraus ergibt sich ein Hinweis auf etwas, das wir **Zeitqualität** nennen können.

Es gibt eine **äußere** und eine **innere** Zeitqualität, wobei die äußere am einfachsten am Beispiel einer S-Bahnhaltestelle zu verstehen ist: Sie können eben nur einsteigen, wenn Sie in der rechten Verfassung, zur rechten Zeit am rechten Ort sind, die Bahn hält, Ihnen die Türen öffnet und genügend Platz zum Einsteigen bleibt. Ganz ähnlich verhält es sich bei der inneren Zeitqualität: Sie müssen in der rechten Verfassung sein, diesen oder einen anderen , einen bestimmten Schritt zu tun. **Zur rechten Verfassung gehört das entsprechende Entwicklungsalter.** So wenig wie wir einem Volksschüler die Aufgaben des Gymnasiasten und einem Gymnasiasten die eines Examenskandidaten vorlegen, so wenig können wir **Reifung provozieren**, indem wir versuchen **zur Reifung zu zwingen**.

Kein Schritt der Menschheitsentwicklung, der individuellen Menschwerdung, des Herabsteigens aus den Äthern, des Prozesses der Inkarnation, kann dauerhaft ausgelassen werden. Zur Entwicklung des Kindes steht Ausführlicheres in meinem Buch „Bewußtsein – oder krank, Teil I". Hier sei in diesem Zusammenhang nur das vorweggenommen, was direkt mit dem Impfen in Zusammenhang steht.

Gehen wir einmal davon aus, daß wir als Neugeborene und Säuglinge, sodann als Kleinkinder und Kinder vom Geistigen **über das Erfahren in das Wollen hineinwachsen**, und daß mit der fortschreitenden Entwicklung aus der mystisch erfahrenen **Einheit der Schöpfung**, in der Eltern, Nahrung und Umwelt untrennbar verwoben sind, über **Wahrnehmen und Vorstellen** das Denken sich entwickelt, aus dem **Fühlen** das **Begreifen** und aus dem **Wollen** das **Handeln** und die Tat.

Da haben wir also das erfahrende Sinnes-Nervensystem, das rhythmische System von Kreislauf und Atmung und das Gliedmaßen-Stoffwechsel-System, die in Wachstum und Entwicklung die ersten Jahre eine ganz wesentliche Rolle spielen. **Leben bedeutet**, Austausch, bedeutet annehmen, begreifen, reagieren, **agieren**.

Die **Haut** gibt unserem Körper und uns Menschenwesen unsere Form, bildet eine Grenzfläche zwischen Innen und Außen, **begrenzt und verbindet zugleich**. Der nach innen eingestülpte **Darm** ist nichts anderes als eine Haut, **eine Grenzfläche nach außen**. Die **Verdauung ist der erste Schritt, nach innen aufgenommene Reize so zu bearbeiten, daß sie schließlich in den Organismus aufgenommen werden können, ohne zu schaden**. In der Verdauung gehen Nahrung und Organismus eine innige Verbindung ein, kommt es zur **Verschmelzung von innen und außen**. Verdauung ist damit eine Aktion von Sympathie und Synthese sowie von Angleichung. **Nur bei Durchbrechung der Grenzfläche Haut**, und wir müssen uns vergegenwärtigen, daß jede Zelle von einer Membran, von einer Haut umgeben ist, **kommt es zur außerhalb des Darms statthabenden, parenteralen Verdauung,** wie z.B. bei der Abszeßbildung, örtlich umschrieben, im Großen bzw. bei entzündlichen Prozessen, weit verteilt, im Kleinen. So kann z.B. **der Ausschlag bei den Masern** als **„periphere Verdauung"** aufgefaßt werden, die Teil der Heilung ist. [1] (Wolff, 1991). Auch das eine Impfung eventuell begleitende **Fieber** wäre so einzuordnen.

Wesentlich ist, daß wir verstehen, daß durch die Reihenimpfungen dem Körper die Chance genommen wird, individuell, seiner Entwicklungs- und Zeitqualität entsprechend, eine Erkrankung anzunehmen oder nicht.

Indem ich die Schutzfunktion der Haut durchbreche, tatsächlich eine Körperverletzung begehe, **umgehe ich die Chance, durch die Verdauung den Reiz zu adaptieren, anzugleichen.** Indem ich eventuelle **Nebenwirkungen** medikamentös **unterdrücke,** nehme ich dem Körper die Chance, harmonisch auf allen drei Ebenen zu reagieren und **beschränke das Impfgeschehen auf den reinen Gedächtnis-, den Nerven-Sinnesprozeß**. „Damit verstärken Impfungen eine Tendenz zu einer **höheren Empfindlichkeit des Nervensystems**, die bereits von Wolff (1991) beschrieben worden war. „Weil eine Impfung Gedächtnis- und Sinnensfunktionen des Organismus belastet, ist es verständlich, daß Nebenwirkungen häufig das Sinnes- oder das Nervensystem betreffen, so als Enzephalopathie bei der Pertussis-Impfung oder der Diphtherie-Impfung oder meningitische Erscheinungen bei der Masern-Impfung. Das Stoffwechselsystem wird in seinen Gedächtnisfunktionen gefordert, und zwar durch Fremdsubstanzen." [2](Kummer, 4/1995). Die Impfstoffe sind aus in ihrer Lebensfähigkeit abgeschwächten oder getöteten Erregern hergestellt, entlebt – entlebend?

In den ersten sieben Lebensjahren, in denen die leibliche Grundlage der Individualität und der Persönlichkeit entwickelt werden, ist das Kind vorwiegend **Sinneswesen**. Schmecken, Erfahren, Wachsen, alles ist Sympathie, alles ist Eins. Das kleine Kind ist z.B. ganz Freude, ganz Trauer, ganz Zorn, ganz Liebe, ganz Sympathie, eins mit seiner Umwelt. Einzelheiten werden nicht erinnert, sondern Prozesse, Rhythmen und Riten. So ist die Person des Kindes auch nicht über den Verstand zu erreichen, durch „kluge Sprüche" und mit Argumenten, sondern durch Rhythmus, Gesten, Gesang und wiederkehrende „Riten".
Gedächtnis ist ein Phänomen, das **auf der Grundlage von Bewußtsein** existiert. **Impfen ist kein Prozeß, sondern ein einmaliges Ereignis**, im Zeitpunkt hinsichtlich der Persönlichkeitsentwicklung recht willkürlich durchgeführt, bei dem vorwiegend die leidvolle Seite empfunden wird. Dies könnte mit ein Grund sein, warum Impfungen nur zu einer zeitlich begrenzten Immunität führen, während das **Durchleben des Prozesses der natürlichen Erkrankung zur richtigen Zeit** eine lebenslange Immunität begründet. Die richtige Zeit wird auch **dadurch bestimmt, daß der„Nestschutz", den die Kinder durch die Übertragung der Antikörper in der Muttermilch erhalten, nach dem Abstillen ausklingt – höchst individuell, entsprechend der eigenen Konstitution und der Beziehung zur Mutter.** Hier sei unterstrichen, daß für eine gesunde Abwehr und ein gesundes Heranwachsen gesunder Kinder gesunde Mütter eine wunderbare Grundlage bilden – gesunde, glückliche, glücklichmachende Milch (im späteren Leben Kost, Speise und Trank, auch für die Seele – Liebe geht durch den Magen) von gesunden, glücklichen, ausgeglichenen Müttern.

Dazu trägt es sicher auch bei, wenn wir unsere Kinder als Prinzen und Prinzessinnen verstehen und unsere Frauen sowie die Mütter als Repräsentanten und Bewahrer der ersten gebärenden Kraft der Schöpfung.

Etwa um **das dritte Lebensjahr** erwacht **das Ich-Bewußtsein**. „Durch Impfungen spricht man vor allem die spezialisierten T-Zell-Funktionen des Immunsystems an.

[3](Cryz, 1991). Auch die Antwort der antigenspezifischen B-Zelle gegen Polysaccharid-Antigene beginnt erst mit dem 2. bis 3. Lebensjahr und ist erst mit dem 9. Lebensjahr voll entwickelt. [4](Paton). Nach antroposophischer Auffassung beginnt mit diesem Zeitpunkt das „Ich“ in den Stoffwechsel einzugreifen. Körperlich und seelisch wird das Kind nun zur vollen Umweltbeziehung fähig.“ [5](Kummer, 4/1995)

Während gewöhnlich Nahrung in vielen Einzelschritten aufgenommen, sympathisch aufgelöst und abgebaut wird, um erst dann wahrhaftig in den Organismus aufgenommen zu werden, **die gesamte Verdauung auch von Umweltreizen ein Prozeß ist**, bei dem viel mehr das Tun und viel weniger das Ergebnis als wichtig erlebt wird, **ist beim Impfen der Kontakt mit dem Fremdstoff abrupt.** Während bei der gesunden Verdauung sowie auch beim verdauungsähnlichen Krankheitsprozeß das Bewußtsein "im oberen Menschen“ herabgesetzt ist, man fühlt sich wohlig warm und müde, zu einem Schläfchen aufgelegt oder man fiebert schlapp und dumpf, der Stoffwechsel aber wach und tätig ist, sind bei der Impfung der Kinder die Sinne und das Nervensystem hellwach, durch den Schmerz der Injektion und bei der Wiederholung durch die Angst und Abwehr vor dem was da kommt. Ob das zu dem häufig gestörten Schlafverhalten der Kinder nach Impfungen wesentlich beiträgt, verstärkt dadurch, daß die beruhigende Stoffwechselkomponente weitgehend fehlt, bzw. unterdrückt wird?

Beim **Impfen** der Kinder ist es gewollt, **den altersgemäß normalen Vorgang des Vergessens, des Einsseins mit der Umwelt**, zu **durchbrechen**. Das Individuum wird zur Beschäftigung mit Fremdsubstanz gezwungen. Verstärkt wird das durch die Wiederimpfung mit dem gleichen Antigen. Dieser Mechanismus ist um so eindrucksvoller, als die Kinder bei den Wiederimpfungen älter sind und das Geschehen viel intensiver erleben. „Dadurch entsprechen viele Prozesse beim Impfen denen der Allergie. Statt zu vergessen, wird der allergische Mensch durch den Kontakt mit dem Allergen immer neu verwundet und behält seine pathologische Erinnerung. Ein neuer Kontakt führt nicht zu einer verbesserten, sondern zu einer verschlechterten Reaktion. Der Zwang, bei der Allergie auf fremde Substanz immer wieder reagieren zu müssen, wird beim Impfen in Form von Boosterung planmäßig angewandt. **Das Ich wird dabei von außen übersteuert.** Vor allem dann sind Prozesse der Ruhe, z.B. Schlafen und Wachen, gestört. Gerade die **Boosterung**

erzeugt eine erzwungene Wachheit des Immunsystems. Die allergischen Erscheinungen selbst sind als Versuch zur Ausscheidung zu verstehen (vgl. Wolff, 1991) z.B. die starke Schleimabsonderung bei der allergischen Konjunktivitis, Rhinitis oder Bronchitis. Sind also allergische Phänome, die nach einer Impfung verstärkt auftreten, die Entsprechung zum Bemühen, den Impfstoff auszuscheiden? Ist die verhältnismäßig kurzdauernde künstliche Immunität die Folge aktiven Vergessens?
Bei den Krankheiten des Kindes findet eine Auseinandersetzung des Kopfes mit dem Stoffwechsel statt. Meistens sind es Vorgänge aus dem Stoffwechsel, die in das Nervensystem hochschlagen. [6](vgl. Steiner, 1922). Sie verlaufen akut und fieberhaft. Wärmeprozesse und Abbauprozesse herrschen vor, gerade in der Krankheit. Ohne einen Überschuß fieberhafter und abbauender Prozesse käme es zu degenerativen, abbauenden Prozessen. Erst beim älteren Kind wird ein Ausgleich durch mittlere rhythmische Funktionen entwickelt.

Im höheren Lebensalter findet ein Rückgang der Wachstums- und Regenerationsprozesse statt. Nun herrschen Abbauprozesse vor. Auch die Sinnestätigkeit des alten Menschen ist eine andere: Statt sympathischer Reaktion herrscht Zurückhaltung. Genau das ist bei einer Impfung erwünscht: Erkennen des Antigens mit möglichst geringer Allgemeinreaktion und möglichst großer Effektivität der Antikörperproduktion. Dieser **Prozeß des höheren Lebensalters** wird nun aber meistens **in der frühen Kindheit und Jugend angewandt.** Durch **das antipathische Reaktionsmuster von Impfungen** könnten **vorzeitig Alterungs- und Abbauprozesse gefördert** werden. Die **Impfstoffproduktion** ist **an Todesprozesse gebunden.** [7](Kummer, 4/1995). Auch auf dieser Ebene können Querverbindungen zur emotionalen Verarmung in unserer Geselschaft und zum Zunehmen psychischer Störungen schon im Kindesalter bestehen. Diese zu klären scheint mir höchst dringlich.

Wenn es vielleicht stimmt, daß **Impfungen** einen gewissen Schutz gegen einzelne Krankheiten zu bewirken vermögen, so **vermeiden sie doch den zugrundeliegenden Krankheitsprozeß, zusammen mit dem ihn begleitenden Reifungsprozeß**. Mit dem „Krankheitsrisiko“ wird auch die Chance zur „Heilung“ in diesem spezifischen Entwicklungsprozeß umgangen. Nebenwirkungen könnten der

Ersatz dafür sein, eventuell im seelisch-geistigen Bereich, oder im Bereich der chronischen Erkrankungen, z.B. aus dem atopischen Formenkreis wie Allergien, Neurodermitis oder Asthma. Auch Prof. Ruf, der Leiter der Infektions- und Tropenklinik in Leipzig gibt zu bedenken, daß Fieber, als eine physiologische Antwort sowohl auf lebende als auch auf abgetötete Krankheitserreger bzw. auf Toxine, eine Funktion im Heilungsprozeß übernimmt. „Daher sollte der behandelnde Arzt das Fieber – wenn möglich – ein bis zwei Tage beobachten.“ [8] (Ruf, 1997).

Seit Millionen von Jahren entwickelt sich der Organismus Erde mit allen darauf befindlichen Lebewesen. Bis zu seiner Entstehung und Entwicklung reichen die Wurzeln des biologischen Wesens Mensch zurück. Die gleiche Geschichte teilen alle Krankheitserreger, ob es nun Erreger der klassischen Seuchen wie Pest, Diphtherie, Ruhr oder Cholera sind oder die der Moderne wie HIV und BSE. Ob es sich auf der Ebene des Individuums später um harmlose Kontakte handelt oder um Auseinandersetzungen, die schließlich das biologische Leben des Individuums bedrohen, wird man nicht verallgemeinernd beantworten können. Immer sind es lebensgeschichtlich höchst individuelle Verläufe, die diesen oder jenen Ausgang haben. Auf der Ebene der Bakterien vermag die molekulare Infektionsbiologie mittlerweile zu formulieren, daß bei den Bakterien etwa 10 % der gesamten genomischen Informationskapazität dafür verwandt sind, die Mechanismen zu formulieren, mit denen die Erreger in den Wirtsorganismus eindringen, dort überleben, sich vermehren und ausbreiten können. **Jede Erregerart hat gleichsam eigene Strategien**. Die Gene, die Erbträger für die Pathogenitätsfaktoren, die krankmachenden Eigenschaften, liegen nur selten isoliert im Genom, in der Erbsubstanz. Oft sind sie mit einer Serie anderer Pathogenitätsgene, die zusammen ein Genpaket bilden, assoziiert. Diese **„Pathogenitätsinseln“** (PAI) zeichnen sich durch die Besonderheit aus, daß der mittlere Guanin+Cytosin(G+C)-Gehalt sich von dem des übrigen Bakteriengenoms unterscheidet. Es scheint offensichtlich, daß die PAIs DNA-Abschnitte repräsentieren, die von anderen, z.B. von pflanzenpathogenen Bakterien stammen. Wir können daraus ableiten, daß die **Natur** auf allen Ebenen **kommuniziert**. Durch den **Austausch der PAIs zwischen verschiedenen Bakterienarten** kommt es zur Vielfalt der Erregertypen und zum schnellen **Wandel des Charakters der hervorgerufenen Erkrankung**. [9](Heesemann, J. 1997)

In dieser Umgebung, wo die unvorstellbar große Biomasse der Mikroorganismen ein unerschöpfliches Reservoir für genetische Information bietet, hat sich auch der menschliche Organismus entwickelt. So hat er auch die ererbten Fähigkeiten erlangt, mit den Herausforderungen seiner Umwelt umzugehen. Seit die sozioökonomischen und die hygienischen Grundlagen sich verbessert haben, sind die Bedingungen für die Umsetzung dieser Programme gegeben, und die klassischen Infektionskrankheiten haben ihre Bedeutung gewandelt.

Die im Folgenden zusammengetragenen Erkenntnisse und Hinweise sollen Ihnen Mittel an die Hand geben, ggf. im Gespräch mit den Verantwortlichen noch bestehende Unklarheiten auszuräumen und Ihre eigene Position erneut kritisch zu formulieren. **Die Verantwortung für sich und Ihre Kinder bzw. die Ihnen Anbefohlenen, werden Sie immer selbst zu tragen haben, genauso wie Sie es sind, die Sie mit den Folgen Ihrer persönlichen Entscheidungen leben müssen.**

Etwa mit 21 Jahren beginnen die Menschen **an dem** zu **arbeiten, was sie sich für ihr Leben vorgenommen haben**. Lebens- und seelische Kräfte sind entwickelt, so daß in der Zeit zwischen dem 21. – 28. Jahr **Gefühle und Eindrücke**, oft der Anschluß an Gruppen und Freundeskreise, die Entwicklung bestimmen, Verstehen und Urteilen beeinflussen. Diese Zeit wird auch als die Zeit der **Entwicklung der Empfindungsseele** bezeichnet.
Im 5. Lebensjahrsiebt entwickeln sich die **Qualitäten des Verstehens und des Gemüts**, während die täglichen Beziehungen allgemein geordneter gestaltet werden. Es ist die Zeit der Entwicklung von **Verstandes- und Gemütsseele**. Etwa um das 35. Lebensjahr liegt für die meisten Menschen die **Lebensmitte**. Es ist die Mitte der Zeit zwischen Geburt und Tod, in der **die Sinnfrage**, die Frage, **wer ich bin und was ich will, ob es überhaupt einen Sinn im Leben gibt**, zum Ausdruck kommt. Man spricht von der Zeit der **Bewußtseinsseele**, da Bewußtsein von sich und der Welt ausgebildet wird. **Selbstbild, Identifikation und Wertesystem werden völlig neu gefaßt.** Das Ego beginnt in den Hintergrund zu treten, während das **Erreichen des Lebenszieles, die Erfüllung des Schicksals, in den Vordergrund** tritt.

Dann schließt sich zwischen dem 50. und 75. Lebensjahr die Phase an, in der **die eigenen Erkenntnisse und Erfahrungen weitergegeben** werden, in der das Leben in den Dienst einer über einem selbst stehenden Aufgabe stehen kann. Darauf folgt die Phase von Rückbesinnung und Vorschau.

Die Einbindung des Menschen in den Kosmos ist in einigen Sprachen besonders innig nachvollziehbar. Wir alle kennen die Woche, den 7-Tage-Rhythmus. Jeder der Tage hat im Kontext der Woche und der Abläufe des Lebens seine eigene Dynamik, seine eigenen Muster:

„Jeder von uns weiß, daß der Samstag anders ist als der Montag; der Wochenbeginn hat einen anderen Charakter als das Wochenende. In einigen Sprachen werden diese Tage verschiedenen Planeten zugeordnet: Der *Saturday* dem Saturn; der *Sonntag* der Sonne; der *Montag* dem Mond; im Französischen finden wir dann die Verwandtschaft von *Mardi* und Mars (Dienstag[1]), von *Mercredi* und Merkur (Mittwoch[2]), von *Jeudi* und Jupiter (Donnerstag[3]), von *Vendredi* und Venus (Freitag[4]). Diese Planetenkräfte wirken in das menschliche Dasein hinein. Sie wirken besonders auch auf die verschiedenen Jahrsiebte des menschlichen Lebenslaufs. Sie prägen und erneuern die Kräfte im Menschen während der Nacht, wenn sich das Geistig-seelische des Menschen gewissermaßen vom Physisch-biologischen löst, um in die höheren Sphären einzudringen – ein ähnlicher Vorgang, wie er sich auch zwischen dem Tod und einer neuen Geburt abspielt. ..

So sind wir **von der Zeugung an bis zum 7. Jahr** ganz besonders den **Mondkräften** ausgesetzt, die wesentlich unsere Gestalt und Konstitution bestimmen. **Vom 7. bis zum 14. Lebensjahr**, im Schulalter, **wirken die merkurialen Kräfte**, die einen gesunden und harmonisierenden Einfluß haben. **Von der Pubertät an** beginnen hauptsächlich **die Venuskräfte** zu wirken; sie beeinflussen intensiv den erotischen Bereich und die Vorstellungen, die Ideale des 3. Jahrsiebtes. **Vom 21. bis 42. Lebensjahr** geraten wir in den Einflußbereich der **Sonnensphäre,** die ganz besonders unsere seelische Entwicklung gestaltet. In dieser Sphäre verweilt der Geisteskeim des Menschen (die geistige Individualität oder, wie es Goethe bezeichnet, die ewige Entelechie) die meiste Zeit seines

[1] Ergänzung durch den Verfasser
[2] Ergänzung durch den Verfasser
[3] Ergänzung durch den Verfasser
[4] Ergänzung durch den Verfasser

nachtodlichen Lebens. Da umfaßt sie auch in der menschlichen Biographie die größte Zeitspanne. Aus dieser Sphäre nimmt die Individualität die Kraft, Vergangenes (Ereignisse bis zum 21. Lebensjahr) zu verarbeiten und neu zu gestalten. Ab dieser Zeit haben wir die Möglichkeit, immer freier von der Vergangenheit in die Zukunft zu schreiten und unsere Lebensziele immer besser zu verwirklichen. **Von 42 bis 49** unterliegen wir nun stärker dem Einfluß des **Mars**, der uns die Kräfte zur **Verwirklichung unserer Lebensziele** gibt. **Von 49 bis 56** machen sich besonders **die Jupiterkräfte** geltend; sie ermöglichen uns eine immer **weisheitsvollere Gestaltung des Lebenslaufes**. **Von 56 bis 63** schließlich wirken die **Saturnkräfte**, die uns zurückschauen lassen auf unser Leben; so können wir die fragende Haltung einnehmen: Haben wir unsere Ziele, unser Leitmotiv verwirklicht?

Auch könnte man **die einzelnen Jahre des Jahrsiebts** im Hinblick auf die Planetenwirksamkeit anschauen. Hier gehen wir ebenfalls durch die verschiedenen Einflußsphären der Planeten, und zwar in der Reihenfolge von **Mond, Merkur, Venus, Sonne, Mars, Jupiter und Saturn**. Das Sonnenjahr bringt jeweils den neuen Einschlag des Jahrsiebts. Beredene Jocelyn ordnet die Jahre **nach dem 63. Lebensjahr Uranus, Neptun und Pluto** zu. Auch die Kräfte dieser Planeten haben eine, allerdings lockerere und geringe, Wirkung auf den Menschen.

Unser physischer Körper ist irdischen Ursprungs. In ihm sind alle unsere Vererbungsanlagen enthalten und sein Reifen entfaltet sich in drei großen Etappen:
Im 1. Jahrsiebt reifen unser **zentrales Nervensystem** (Gehirn und Rückenmark) und unsere Sinne.
Im 2. Jahrsiebt reift unser **Atmungs- und Zirkulationssystem** heran; und
im 3. Jahrsiebt reifen unsere **Gliedmaßen** (Wachstum und Stärkung der Knochen, Muskeln und Sehnen), das **Stoffwechselsystem** (alle Drüsen der Verdauungsorgane erreichen ihre volle Tätigkeit) und unsere Reproduktionsorgane.

Wenn wir hier von einem *Reifeprozeß* sprechen, so heißt das, daß die entsprechenden Organe zur vollen Entfaltung gelangen und ab diesem Moment als Instrument für die geistig-seelische Entfaltung gebraucht werden. Wenn die Organe ausgereift sind, kann die Seele gewissermaßen auf ihrem körperlichen Instrument spielen und entfaltet sich als denkendes, fühlendes und wollendes Wesen.

Die Individualität ist geistigen Ursprungs und dringt ab der Geburt immer tiefer in die Leiblichkeit ein. Wir können in diesem Zusammenhang von drei kleinen Ich-Geburten sprechen. Dem Moment, wo in der Mitte des 1. Jahrsiebts das Nerven- und Sinnessystem völlig ausgebildet ist und das Kind zum ersten Mal „Ich" zu sich sagt, können wir als „**Erwachen des Ich-Bewußtseins**" bezeichnen. Das Kind spürt zum ersten Mal, daß Ich und Welt nicht mehr eins sind. Danach geht das Kind durch die Trotzphase, in der es sich stärker behauptet. Im 2. Jahrsiebt, um das 9. und 10. Lebensjahr, werden Dank des Heranreifens des rhythmischen Systems (Herz und Lunge) die Gefühle immer wacher. Es ist die Phase, in der Kinder **stärker in sich gekehrt und etwas träumerisch** aber auch aggressiv gegenüber Eltern und Lehrern sind. Wir können dieses als „**Ich-Gefühl**" bezeichnen. In der Mitte des 3. Jahrsiebts, mit etwa 18 1/2 Jahren, dringt das Ich tief in das Stoffwechsel-Gliedmaßensystem ein, und der junge Mensch erlebt seine eigene Tätigkeit in der Welt. Erst ab dieser Phase steht er so richtig auf dem Boden. Häufig leuchtet in dieser Zeit auch die Erkenntnis über seine eigene Berufsbegabung auf. Wir können diesen Prozeß bezeichnen als „**Erwachen des Ich im sozialen Weltendasein**". [10] (Burkhard, 1995, S. 158-60.)

Weniger bekannt, aber von großer Bedeutung ist **der 18-Jahres Rhythmus.** Im Moment der Geburt stehen **Erde, Mond und Sonne** in einem ganz bestimmten Verhältnis zueinander. Diese Stellung wiederholt sich einem Uhrwerk gleich regelmäßig im Laufe der Zeit. Die Dauer eines Zyklus war schon lange vor dem Computerzeitalter bekannt und ist **18 Jahre, 7 Monate und 9 Tage** (genau: 218 Tage, 21 Stunden und 22 Minuten). „Die Behauptung ist nun – und das muß jeder für sich prüfen -, daß man immer nach dieser Zeit, weil wieder die Geburtskonstellation herrscht, sensibler für die Impulse wird, die man sich vor der Geburt gesetzt hat. Es entstehen oft Chancen, wiederum an die eigentliche Lebensaufgabe heranzukommen. – Diese Konstellation, die man auch den **Mondknoten** nennt, **wiederholt sich in etwa im 38. und 56. Lebensjahr.**" [11] (Morgenthaler, 1992, S. 49)

Auch später setzt sich natürlich dieser Rhythmus fort. Krisenhaft gewinnen Fragen die Bedeutung wie z.B. **„Was habe ich aus meinem Leben gemacht**", „Wie lebe ich", „Folge ich meinem Lebensplan". Es sind Zeiten, in denen manchmal ganz neue Ziele gesetzt werden.

Ein anderer, oft deutlicher Rhythmus ist der des Planeten **Jupiter**, der mit **Erkenntnis, Harmonie und Ordnung** in Verbindung gebracht wird. Er kehrt **alle 12 Jahre** in die Geburtskonstellation zurück, so daß der Abstand von 12, 24, 36 Jahren usw. für viele Menschen einen Rhythmus darstellt, in dem **neue Facetten des Ich**, der Person, entwickelt werden. Für einige ist auch der Rhythmus von 6 Jahren, die Hälfte die Jupiter-Zyklus, maßgebend. [12] (Burkhard, 1995, S. 168)

Wie im Großen, so im Kleinen, wie oben, so unten – Wenn auch die Planeten selbst keine Kräfte hätten, so werden sie doch von der gleichen Kraft erhalten, die die Elektronen um den Kern kreisen läßt, der gleichen Kraft, aus der wir ins Leben kamen, die uns erhält, vor unserer Zeit, jetzt und alle Zeit. Wenn Sie also der gleichen Ursache entstammen und den gleichen Regeln gehorchen, können wir in Ihnen Symbole finden, uns und unser Schicksal klarer zu erkennen. Die Erkenntnisse der Menschen, die sich mit diesen Fragen beschäftigt haben, sind älter als die „moderne Wissenschaft". Sie stammen aus einer Zeit, da der Mensch sich noch als ein Teil der Natur begriff und die universelle Sprache der Zeichen oft vielleicht sogar mehr empfindungsmäßig verstand.

Wenn die Planeten keine Kräfte hätten – haben sie nicht? Immerhin fallen die Menschen der Südhalbkugel nicht herunter und merken auch nicht, daß sie mit dem Kopf nach unten hängen.

Hat das alles mit Gesundheit zu tun? Hat es – Daß Sonne und Mond, Wetter und Gezeiten, Leben und Wohlstand auf der Erde beeinflussen, wird niemand bezweifeln. Die einen reagieren hierauf, die anderen darauf. Die einen reagieren allgemein intensiver, die anderen weniger. So haben z.B. bei den Naturvölkern die Frauen einen fast voll gleichzeitigen Zyklus mit Eisprung bei Vollmond und Mensis bei Neumond.

Wollen wir dauerhaft gesund bleiben oder gesund werden, kann es sehr hilfreich sein, daß wir uns und unsere Rhythmen und deren Einflüsse auch auf unser seelisches Wohlbefinden bewußt betrachten und beachten.

Ermutigung

Ob Sie „den ganzen Kram“ der da jetzt folgt nun verstehen oder nicht, und ob Ihnen die Begriffe gefallen oder nicht, wenn Sie es probieren funktioniert es trotzdem – auch bei Ihnen.

> Am Anfang war das Wort, und das Wort war bei Gott, und Gott war das Wort. Dasselbe war im Anfang bei Gott. Alle Dinge sind durch dasselbe gemacht, und ohne dasselbe ist nichts gemacht, was gemacht ist. In ihm war das Leben und das Leben war das Licht der Menschen. Und das Licht scheint in der Finsternis und die Finsternis hat es nicht ergriffen. (Johannes 1,1-5)

Auf der Suche nach einem Modell

„Yogische Hinweise“

Mit beinahe jedem Ding, das wir kaufen, erhalten wir eine Produktinformation. Alle technischen Geräte werden mit einer Bedienungsanleitung geliefert. Die Beachtung der darin enthaltenen Hinweise soll dem neuen Eigner ein Maximum an Nutzen und Vergnügen sichern.

Obwohl der Mensch gewiß ein höchst kompliziertes Wesen ist, wird er doch nackt geboren, ohne daß ihm ein Begleitheft an die große Zehe gebunden wäre, z.B. mit der Aufschrift „Pflege und Kost“. Woher sollen nun die jungen Mütter, die jungen Familien wissen, wie sie am besten mit dem Neuankömmling verfahren? Wer sind die Experten? Sind es die Kinderärzte, Psychologen, Freunde, Nachbarn, Mütter und Großmütter? Sie haben gelernt durch Versuch und Irrtum, und doch unterliegen sie mehr oder minder der Tragödie sozialer Furcht, stecken fest in ihren Mustern, im weitesten Sinne Stand, Stellung, Gesicht und Ansehen zu wahren.

Die besttrainierten Experten, die Leute, die die feinsten Methoden an Pflege und Unterhaltung für die Menschen entwickelt haben, damit sie sowohl körperlich als auch geistig, emotional und spirituell ihre maximale, ihre menschliche Potenz vewirklichen können, waren die Yogis. Vor Tausenden von Jahren schon wurde ihnen detaillierte Erkenntnis über Kost, Pflege und Unterhalt offenbar. Seither haben sie diese Lehre bewahrt und überliefert. [13] (Khalsa, 1996, S. 6)

Das Wort Yoga stammt von dem Sanskrit-Wort Yuj, aus dem sich das deutsche Wort „Joch" entwickelt hat. Es bedeutet verbinden, Bewußtsein und Schöpfungskraft, Himmel und Erde, Körper und Geist. Das Ziel des Bemühens ist, die Trennung zwischen Subjekt und Objekt, die Dualität zwischen Beobachter und Natur aufzuheben. Wissenschaft ist nicht länger eine Disziplin des Kopfes, losgelöst vom Leben, sondern wird, im Leben stehend, erfahren.

Shiva, das immerwährende Bewußtsein und *Shakti*, die in ständiger Veränderung begriffene Schöpfungskraft, können durch Yoga die kosmische Ehe vollziehen. Die Urenergie, die die menschliche Dualität, die Trennung dieser beiden Pole aufhebt, wird *Kundalini* genannt. Den Namen hat sie, da sie einer schlafenden Schlange gleich am unteren Ende der Wirbelsäule ruht. *Kundala* bedeutet übersetzt „Locke im Haar der Geliebten". Ziel der entsprechenden Übungen ist, in einem langsamen, fast unmerklichen Prozeß, diese Energie zu erwecken und aufsteigen zu lassen, damit die Verbindung von Bewußtsein und Schöpfungskraft erfahren wird.

Oh mein Gott! Muß er, müssen wir uns das jetzt auch noch antun? Nicht nur, daß er völlig respektlos geistigen Kräften im Zusammenhang mit „wissenschaftlichen Betrachtungen" Aufmerksamkeit schenkt, ja sie geradezu zu vermischen scheint, jetzt auch wieder dieses indische Zeug, Shiva und den ganzen Kram, Gott, Religion und Wissenschaft! Welche eine Tragödie – so ein „kluger Mensch" und solche Verwirrung?
Ja, es muß sein. Erlauben Sie sich den Luxus einer scheinbaren Odyssee durch verschiedene Aspekte für Gesundheit, Krankheit und Heilung, wozu zweifellos auch eine Ahnung über unseren Ursprung und unsere Bestimmung zählt. **Wollen wir begreifen**, was wir eventuell unseren Kindern antun, die wir, während sie sich noch in ihrer Organ- und seelischen Entwicklung befinden, mit möglicherweise

krankmachenden Substanzen belasten, **brauchen wir** auch eine **Ahnung** über die in uns liegenden Potenzen, Möglichkeiten, Kräfte.

Immerhin wurde die Lehre von der Seelenwanderung erst auf dem Konzil von Konstantinopel 543 abgeschafft. „Wer sagt oder daran festhält, die Menschenseelen hätten ein Vorleben gehabt, das heißt, sie seien zuvor Geister und heilige Gewalten gewesen, sie seien aber der göttlichen Anschauung satt geworden, hätten sich dem Bösen zugewandt, seien deswegen in der Liebe Gottes erkaltet, hätten so den Namen „Seele" (= die Kalten) bekommen und seien zur Strafe dafür in die Körper gebannt worden, der sei ausgeschlossen." [14] (Neuner-Roos, 1975, S. 200). An der gleichen Stelle wird auch die alltägliche Erkenntnis „zwei Seelen hab' ich ach in meiner Brust", die auf den Patriarchen Photius von Konstantinopel zurückgeht und das Verständnis für die Vielschichtigkeit des menschlichen Bewußtseins beinhaltet, besprochen. Auf dem Konzil von Konstantinopel von 1869 – 1870 wurde entschieden: Sowohl das Alte wie das Neue Testament lehren, der Mensch habe nur eine vernunft- und verstandesbegabte Seele. Das bekräftigen alle gotterleuchteten Väter und Kirchenlehrer. Dennoch stellen gewisse Leute den Lehrsatz auf, der Mensch habe zwei Seelen (ein Prinzip des sinnhaften und eins des geistigen Lebens[5]). Mit einer Weisheit, die zur Torheit geworden ist, bemühen sie sich, diese Irrlehre zu begründen. Die heilige und allgemeine Kirchenversammlung schließt daher die Urheber einer solchen Gottlosigkeit ... aus der Kirche aus." (Neuner-Roos, 1975, S. 201)

Der Begriff des „Bösen", für das wir büßen oder bezahlen sollen, ist so problematisch, daß ich ihn durch eine einfache Entsprechung ersetzen möchte: Jeder von uns weiß um die Sprossen einer Leiter und wie wichtig es ist beim Steigen auf die Sprossen zu treten. **Verfehlen wir die Stufen, stürzen wir hinunter.**

Jede Sequenz hat eine Konsequenz, jede Ursache eine Wirkung.

Während der moralische Begriff des Bösen einem Wandel unterliegt, bleibt das Prinzip von Ursache und Wirkung, von Sequenz und Konsequenz bestehen. Gerade in diesen Tagen breitet sich die Erkenntnis aus, daß auch der Ursache, die eine

[5] Ergänzung durch den Verfasser.

Wirkung nach sich zieht, eine Wirkung, eine Ursache vorangeht – das Ende der Dualität. Ursache und Wirkung bedingen einander in beiden Richtungen.

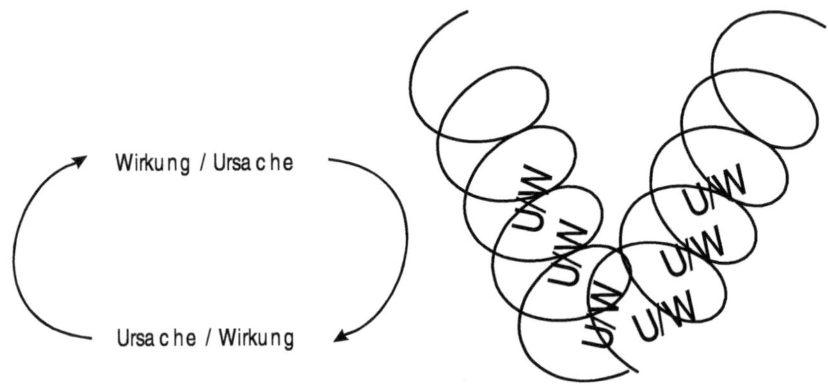

Der „Kurzschluß" von Ursache und Wirkung: Wir können uns im Kreise drehen, auf einer Ebene, sozusagen, oder wir können aus Erfahrung oder Erkenntnis lernen, uns gleichsam „spiralig" fortentwickeln. Wir können auch aus den Erfahrungen anderer, unbewußt, „lernen"; auch das beeinflußt unseren Weg. – Siehe Morphogenetisches Feld.

Alle kennen wir die Situation, wo wir das eine wollen und das andere tun. Denken Sie an die vielen Ärzte, die Zigaretten rauchen oder an die vielen Eltern, die ganz entgegen ihrem guten Willen erschöpft und fertig ihren Kindern gegenüberstehen und selbst verlernt haben das Wunder der Schöpfung und die ihnen innewohnenden Kräfte sich in Erinnerung zu rufen, geschweige denn, daß sie in der Lage wären, ihren Kindern im täglichen Umgang mit der Fülle der ganz normalen menschlichen Kräfte ein lebendiges Beispiel zu sein oder sie gar dahin erziehen zu können. Zwei Seelen hab ich ach in meiner Brust, steht stellvertretend für so viele Ebenen des Menschen. Die Betrachtungen über Seele und Geist, Geist und Materie sind wahrscheinlich so alt wie der Mensch selbst. Ebenso dürfte es sich mit der Verwirrung in Bezug auf diese beiden Begriffe verhalten.

„Aber ein Nebel stieg auf von der Erde und feuchtete alles Land. Da machte Gott der Herr den Menschen aus Erde vom Acker und bließ ihm den Odem des Lebens in seine Nase. Und so war der Mensch ein lebendiges Wesen." (Mose, I. 2,7)

An anderer Stelle heißt es: „Da sprach Jesus abermals zu ihnen: Friede sei mit Euch! Gleich wie mich der Vater gesandt hat, so sende ich Euch. Und da er das gesagt hatte, **blies er sie an** und spricht zu ihnen: ***Nehmet hin den heiligen Geist!*** *Welchen ihr die Sünden erlasset, denen sind sie erlassen; und welchen ihr sie behaltet, denen sind sie behalten.*"[6] (Jo. 20, 21-23)

Seele, urgermanisch, die aus dem See, dem Aufenthaltsort der Ungeborenen und der Toten stammende – **der unsterbliche Teil des Menschen**, der sich in seinem Denken, Fühlen und Handeln äußert. ***Geist***, aus dem indogermanischen kommend, **der Hauch als Träger des Lebens** – das denkende, erkennende **Bewußtsein des Menschen.**

Wie verhält es sich nun? Die Seele als der unsterbliche Teil des Menschen, der Geistfunke Gottes im Menschen? Ist Geist, das erkennende Bewußtsein des Menschen, erregbar, ein Aspekt der Seele, die den Menschen eingehaucht sei oder ist alle Schöpfung ewig, gleichsam unsterblich, beseelt?

Wir müssen uns darüber Gedanken machen. Denn, wollen wir das Wunder, unsere Kinder und ihre Gesundheit sowie unser eigenes Leben begreifen, erscheint es mir

---

6 In der Tat verhält es sich mit dem erlassen und behalten von Sünden so, wie es dort gesagt ist. **Mißverständlich ist jedoch die Auslegung, daß ein Unbeteiligter, ein außenstehender Zweiter oder Dritter, gleichsam ein Beichtvater, wie im Auftrage Gottes handelnd, darüber entscheiden könne, Sünden zu vergeben oder zu behalten.** Wir selbst sind es, die wir darüber entscheiden müssen, uns unsere Sünden zu vergeben oder zu behalten, uns auf unseren göttlichen Ursprung zu besinnen oder in unserer menschlichen Begrenztheit zu verharren. Ein Außenstehender jedoch kann uns an unsere Herkunft und unser Ziel und an die damit verbundenen Gnaden erinnern. Sündenvergebung oder –behalt als Machtmittel in Verbindung mit dem Bild eines rachsüchtigen und strafenden Gottes verlieren völlig ihre Bedeutung. Während im ausklingenden Fische-Zeitalter im Getrenntsein des Menschen von seinem Nebenmann, in der Trennung des Menschen von seiner Ursache, die wir auch Gott nennen können, dazu erzogen wurde, einzuschätzen, ob mir dies oder das gefalle und Mittel und Wege gesucht wurden, das Außen in den Bannkreis der eigenen Macht zu bringen, gewinnt im Wassermann-Zeitalter die Frage Bedeutung, ob ich passe, ob es mir gelingt, mich einzufügen, den Sinn und Zusammenhang all dessen, was mich umgibt zu erfassen und mich entsprechend zu verhalten. Sünden behalten bedeutet dann, selbst in der Erinnerung des Gegenstandes verhaftet zu sein, den Klang des Echos in sich zu erhalten, und selbst den Wirkungen dieses Echos zu unterliegen. Das führt schließlich zu Schwächung und Krankheit.

Da gibt es die Geschichte von zwei Zen-Mönchen, die von einem Kloster zum anderen ziehen. Es ist Regenzeit. Alle Flüsse sind über die Ufer getreten. Während sie sich anschicken, einen breiten Strom zu durchqueren, erblickt der eine eine nackte Jungfrau, in Tränen, da sie nicht zu ihrem Geliebten auf der anderen Seite gelangen kann. Das verstehend, ergreift er sie ohne zögern, um sie sicher auf der anderen Seite des Flusses abzusetzen. Die zwei setzen ihren Weg fort. Der andere ist sichtlich verstimmt. Schließlich kann er nicht länger an sich halten und bricht in Vorwürfen los. „Wie konntest Du nur! Nicht einmal anblicken durften wir sie und Du hast sie sogar berührt, ihr Fleisch gespürt!" Der andere, im Frieden, antwortet: „Was willst Du? Ich habe sie abgesetzt, Du trägst sie noch immer."
Gibt es Sünde oder nur Sequenz, Konsequenz, Erkenntnis und Lerninhalt?

sehr hilfreich, sich ein paar Gedanken über den Ursprung all dieser Erscheinungen gemacht zu haben.

„Yogische Philosophie“ und Schöpfung

Das Alter einzelner Texte zur Philosophie des Yoga, yogischer Texte, beträgt teils viele tausend Jahre. Bis zu 40.000 Jahren läßt sich die Geschichte dieses Erkenntnisweges zurückverfolgen.
Die im Folgenden wiedergegebenen Ein- und Ansichten habe ich im Laufe vieler Jahre zusammengetragen. Die Darstellung mag weder vollständig noch endgültig sein. Sie will zum eigenen Suchen anregen und aufrufen und erhebt nicht den Anspruch auf allgemeine Richtigkeit. Es ist eine in steter Entwicklung begriffene Arbeitshypothese.

Am Anfang ist *das Eine, das* ***Eins,*** *Einssein,* ***unmanifestiertes Bewußtsein,*** *ewig unendlich, der große Geist,* ***Gott***. Der himmlische **Vater**, in seinem Aspekt als **Schöpfer**, als Schöpfungsursache, ***Brahma.*** Seine Aspekte sind unter anderen ***Bewußtheit*** und ***Kraft***, ***der heilige Geist*** und ***der Sohn***, ***Shiva*** und ***Shakti***, *der* ***Zerstörer*** und *der* ***Erhalter***. Durch das Wort, den ersten Ton oder Klang, ***the initial voice of god, Shabad Brahm***, entstehen ***Vibration*** und ***Form***, ***Naad*** und ***Nam***, ***Klang*** und ***Bedeutung***.

Naad und *Nam* entstehen zusammen als ***Beja***. Am Anfang war das Wort... Sobald der Samen, *Beja*, sich entfaltet, wird er zur göttlichen Projektion, einer **Realisation in Raum und Zeit, *Patantra***. Alle Schöpfung ist Vibration und Form, Klang und Bedeutung, ein Gedanke Gottes. **Bewußtheit**, **Personal-non-Personal, *Purusha***, und Bewegung, **Natur, *Prakriti***, sind **Aspekte des Seins**. Aus ***Purusha***, dem göttlichen Geist, entstehen die Seelen, ***Atma***, an denen ***Prakriti*, die Kräfte**, wirken. **Es entstehen zunehmend komplexere Seinsformen, Energie und Materie.**

Maja, ist der Aspekt, der begrenzt, durch den eine Seele aus dem Einssein, der Einheit in die Dualität von ***Ich*** und ***Dies*** hervortritt. Das Wirken von ***Maja*** erstreckt sich auf ***Kala***, die Kraft, ***Vidya***, das Wissen, ***Raga***, das Sehnen, ***Kaala***, die Zeit und auf ***Niyati***, den Raum. Vor der Ebene der Manifestation von Gedanken und Dingen liegt die Ebene des universalen Geistes, ***Chitta***. Sie ist **gleich einem weiten Ozean voller Wellen und Strudel, die sich in Gedanken und Dingen manifestieren.** Hier wirken die **drei Kräfte, Aspekte von *Prakriti*,** die ***Gunas***. ***Sattva-Guna*** ist klar, rein, fein, göttlich. ***Rajas-Guna*** ist aktiv, königlich. ***Tamas-Guna*** ist dicht, stabil, langsam, unterbewußt.

Entwicklungen, Überlagerungen, Interferenzen geschehen ständig und zahllos. Sie werden immer mehr, je komplexer die Seinsformen sind. Hochkomplexe Formen verbinden sich mit niederen und niedere bestehen aus höher komplexen. Materie ist Seele. Da sie aber beseelt ist, können wir auch auf einer anderen als auf der grob-materiellen Ebene mit ihr interferieren. **Gedanken sind Kräfte, gleichsam Materie in ihrem feinsten Aspekt, ihrer feinsten Form.**

Nehmen wir das Beispiel einer brennenden Kerze. Das brennende Gas ist die **Essenz**, die Gestalt der Flamme die **Form**, Licht und Wärme der geistige **Sinn** – Vater, Sohn und Heiliger Geist, Brahma, Vishnu und Shiva.

Durch das Wirken der Kräfte, ***Gunas, Sattva, Rajas*** und ***Tamas***, entstehen in dem weiten Ozean des universellen Geistes, ***Chitta,*** in dessen Wellen und Wirbeln, gleichsam der Gehalt, die Gestalt eines jeden Gedankens und einer jeden Handlung aufgehoben ist, **gleichsam drei Häuser oder Organe des Verstandes**, Ebenen spezieller Funktion, **die über fünf Phasen vom Unsichtbaren, Allerreinsten zum Dichtesten über Äther, Luft, Feuer, Wasser und Erde repräsentiert sind.**
Auf der **Äther-Ebene** wird die **Sattva-Guna** im Zustand, im Organ, ***Buddhi*** reflektiert. **Buddhi** unterscheidet zwischen real und irreal, ist neutral und bewertet Ursachen und Zusammenhänge vom Gesichtspunkt unserer unbegrenzten Identität, ***infinite identity, personal-non-personal.***
Die aktive, transformierende, schnell veränderliche ***Rajas-Guna*** führt zu ***Ahangkar***. Dieser Aspekt des Geistes entspricht am ehesten den Funktionen unseres **Ego**, indem er kategorisiert, zusammenfaßt, verbindet, systematisiert und identifiziert. Während ***Buddhi*** unbegrenzt, ganzheitlich ist, grenzenlose Identität, jedoch ohne das Ego zu empfinden, repräsentiert ***Ahangkar*** eine Ebene immer noch **unmanifestierter Totalität**, auf der **Eigenschaften des Egos** ausgedrückt sind.

Die dritte Kraft ***Tamas-Guna***, schwer, verborgen und langsam, manifestiert sich als ***Manas.*** Diese Ebene entspricht am ehesten dem **Es**, dem sensorischen Geist. Er nimmt Formen, Klänge, Gefühle, Gerüche und Geschmackseindrücke, Muster und Sequenzen wie ein großer Recorder auf, verwaltet und reagiert kreativ. Es ist die Ebene der Repräsentationen der Ganzheit im begrenzten Sinneseindruck.

Die **Äther-Ebene des Geistes** umfaßt also die **Aspekte *Buddhi, Ahangkar*** und ***Manas. Rajas* ist aktiv, initialisierend, die Kraft der Transformation von *Sattva* zu *Tamas* bzw. *Tamas* zu *Sattva*.** Da ***Tamas, Sattva*** **und *Rajas* in den verschiedensten Kombinationen miteinander verknüpft** sind und interferieren, in ständiger Bewegung verflochten, und da sie auf der Ebene wirksam sind, die vor der Ebene der Manifestation von Gedanken oder Dingen liegt, sind sie **Aspekt eines jeden Schöpfungsgegenstandes.**

Auf die ätherische Ebene der Schöpfung folgt **die Luft-Ebene**. Anstelle der nonpersonalen Schichten des Seins tritt die Ebene der „Selbst"-Erkenntnis mit ihren drei Aspekten. Sie werden auch **die drei Funktionen oder drei Kammern des Geistes** genannt. Im Kundalini-Yoga wird **jeder dieser drei Ebenen ein eigener Mentalkörper** zugedacht.

Am schnellsten und darum stets als erstes reagierend wird **der negative Geist** als **erste Ebene** beschrieben. **Negativ** ist hier **nicht wertend**, **sondern funktionell** zu verstehen. Das heißt, der *negative Geist, negative mind*, ist eine wichtige Instanz für das **Überleben**. Er **sucht nach Risiken und Gefahren, nach Fehlern und Problemen**, kurz, Ziel seiner Muster ist, **Schmerz** zu **vermeiden**.

Die **zweite Ebene** ist die des ***positiven Geistes, positive mind***, der **handlungsorientiert und risikobereit** nach **Möglichkeiten** und **Vorteilen,** nach **Zielen** und **Nutzen** sucht. Er ist **pragmatisch, flexibel und kreativ.** In den Persönlichkeitsanteilen negativer und positiver Geist haben wir die Funktionen, deren Entsprechung in den Mustern Schmerz vermeiden und **Lust vermehren** zu erkennen ist.

Die **dritte Ebene** des aktiven, individuell, personalen Geistes ist ***der neutrale Geist, neutral mind.*** Seine Aufgabe ist es, zu **beobachten, Selbstbild, Glauben und Identität, Absicht und Bedeutung einzuschätzen.** Er steht in Verbindung mit dem negativen und positiven Geist und ist in der Lage, Vor- und Nachteile hinsichtlich der Verwirklichung des Lebensplanes und der Schöpfungsliebe zu erfassen.

Jedes der drei Organe des Verstandes, *Buddhi*, *Ahangkar* und *Manas*, ist in Wechselwirkung mit jeder der drei Funktionen des Geistes: *Negativer Geist*, schützend, *positiver Geist*, hinstrebend und *neutraler Geist*, abwägend.

Daraus entstehen, auf der **Feuer-Ebene** der Person, **neun Aspekte** des Menschen. Diese sind, ähnlich wie Archetypen, als grobe Muster zu verstehen, die häufig das Handeln eines Menschen bestimmen.
Sehr häufig sind es Erfahrungen der Vergangenheit, die unser jetziges Benehmen konditionieren, prägen. **Selbst wenn wir bereits erkannt haben, daß für eine gegebene Situation eine andere Antwort sinnvoller wäre, neigen wir eher dazu, in unseren alten Mustern zu verharren, die alten Fehler zu wiederholen, als daß wir, obwohl wir bereits ahnen oder wissen, angemessener reagierten.** Es ist dies eine Folge der Tatsache, daß wir uns über die Verknüpfungen der geistigen Ebenen, über den Weg der Entstehung eines Gedankens bis zu Gefühl und Handlung allermeistens nicht im Klaren sind. Die Namen der neun Aspekte der Person sind der folgenden Tabelle zu entnehmen:

Aspekt	Personale Funktion des Geistes	Interagiert mit den Organen des Geistes	Daraus resultiert das Muster
1	Negativer Geist	Manas	der Verteidiger
2	Negativer Geist	Ahangkar	der Manager
3	Negativer Geist	Buddhi	der Beschützer
4	Positiver Geist	Mannas	der Artist/Sensitivität
5	Positiver Geist	Ahangkar	der Produzent/Intelligenz
6	Positiver Geist	Buddhi	der Schöpfer/Bewußtheit – Intuition
7	Neutraler Geist	Mannas	der Stratege
8	Neutraler Geist	Ahangkar	der Führer
9	Neutraler Geist	Buddhi	der Lehrer

Wenn in der Rubrik Muster jeweils die männliche Form gewählt ist, entspricht dies dem allgemeinen Sprachgebrauch im Deutschen. Das Muster selbst finden wir sowohl bei Frauen als auch bei Männern. Dabei ist jedoch die Ausführung teilweise höchst unterschiedlich. Darüber wird weiter unten noch gesprochen werden. [15] (Yogi Bhajan/ Gurucharan Singh Khalsa, 1997)

Je genauer wir uns bewußt betrachten, umso leichter können wir die neun Aspekte der Persönlichkeit, die drei geistigen Funktionen, negativ, positiv und neutral sowie die drei Funktionen, die aus dem Wirken der drei Kräfte *Sattva*, *Rajas* und *Tamas* auf der nonpersonalen geistigen Ebene, *Chitta*, entstehen, *Buddhi*, *Ahangkar* und *Mannas*, als wirksam erkennen.

Auf der **Wasser-Ebene** der Persönlichkeit finden wir, daß **die neun Aspekte der Person**, jeweils wieder **mit den drei Funktionen des Geistes interagieren**. Ständig entstehen auf der Ebene des Intellekts Gedanken. Ob wir sie wahrnehmen, wie weit und in welcher Weise wir sie verfolgen, darüber entscheiden auch diese 27 Muster. Sie werden als **die 27 Kontrollprojektionen** bezeichnet.

Auf der Erde-Ebene der Persönlichkeit interagieren die drei Funktionen des Geistes auch mit diesen Projektionen, also ein drittes Mal. So ergeben sich 3 x 27, also 81 Facetten des Geistes. Jede einzelne Facette entspricht einem unbewußten Muster, einer Gewohnheit, durch die der eigentliche Gedanke bereits verändert, gefiltert wird, bevor er als Gestalt im Bewußtsein wahrgenommen wird.

Betrachten Sie dazu auch das Schema weiter hinten: Denken, Fühlen, Wollen, Handeln.

Ausführlich ist dieses Thema nach den Vorträgen jetzt auch in einem Buch dargestellt: „The Mind“ von Yogi Bhajan und Gurucharan Singh Khalsa. [16] (Bhajan, 1998)

Meine Übersetzung dieses Buches ist in jedem Buchladen sowie bei der vorn angegebenen Möglichkeit zur Direktbestellung unter dem Titel „Der Verstand – seine Projektionen und vielfachen Facetten“ erhältlich.

Der Gedanke und die 81 Facetten des Geistes:

Im EINS, der Schöpfungsursache, entstehen nach dem ersten Impuls Gottes, **shabat brahm**, in **Klang und Bedeutung, Vibration und Form** die Aspekte **Bewußtsein und Kraft,** die begrenzenden Aspektes Gottes. Es kommt gleichsam zur **Unterscheidung** von Seelen. Diese sind **wie Wellen und Täler auf der Ober**

Schöpfung, Geist, Materie

Gott
***Om / Ong* - Mutter / Vater**
Der große Geist
Brahma, der Schöpfer, der Urgrund
Grenzenloses Sein, unmanifestiertes Bewußtsein

Eins

Ich

shabat brahm
Das Wort Gottes, der erste Ton
Naad - Vibration
Nam - Form

Dies

der heilige Geist
Shiva
der Zerstörer

der Sohn
Shakti
die Kraft
der Erhalter
Wishnu

Maya
Die begrenzenden Aspekte Gottes

Kala - Kraft ***Vidya*** - Wissen ***Raga*** - Sehnen - Wollen ***Kaala*** - Zeit ***Niyati*** - Raum

Purusha, der Geist Gottes
grenzenloses Bewußtsein,Bewußtheit
Das Wirken der begrenzenden Aspekte, ***Maya***
führt zur Entstehung scheinbar getrennter
Teile, der Seelen - ***atma, atma, atma*** ......

Diese sind den gestaltenden Kräften,
den ***Gunas*** unterworfen.
Die ***Gunas*** sind Aspekte von ***Prakriti,***
der transzendenten Natur, manifestiert und unmanifestiert.

Sattva	***Rajas***	***Tamas***
göttlich klar rein fein	königlich aktiv wechselnd	langsam dicht stabil

Der universale Geist, die Weltenseele - ***Chitta*** - ist ein
unendlicher Ozean voller Wellen und Strudel umanifestierter Gedanken;
durch das Wirken der ***Gunas*** entstehen **die 3 *impersonalen Organe des Geistes*:**

	Buddhi	***Ahangkar***	***Manas***
Äther-Ebene	infinite identity Intelligenz, betrachtet, unterscheidet, wertet, was ist real, wahrhaftig und schicksalshaft	"Falsches" Ego, identifiziert, kategorisiert, faßt zusammen, verknüpft	Totality within the finite, empfindend, Handlungen und Folgen aufnehmend, Aktionen und Reaktionen speichernd

Phasen der Wahrnehmung
Tattwas

Als Folge der **Verdichtung** entsteht die **personale, funktionelle Ebene** mit **3 Aspekten des Verstandes;**
jeder ist durch eine eigene "Phase" in der Gestalt/Aura des Menschen repräsentiert.

	Negativer Geist	**Positiver Geist**	**Neutraler Geist**
Luft-Ebene	reagierend überleben schützend schnell Schmerz vermeiden	Konstruktiv/flexibel handlungsorientiert zielsetzend kreativ Wohlergehen vermehren	intuitiv betrachtend Ziel und Folgen abwägend führend Schicksal verwirklichen

Feuer-Ebene

Durch Interaktion der **3 impersonalen Organe** des Geistes
mit jeder der **3 personalen funktionellen Ebenen** entstehen **9 Persönlichkeitsaspekte.**

Wasser-Ebene

Die **3 personalen Funktionen des Geistes** stehen wieder in Wechselwirkung
mit den **9 Aspekten der Person**. So entstehen **27 Kontrollprojektionen.**

Erd-Ebene

Wieder stehen die **3 personalen Aspekte** mit den **27 Kontrollprojektionen** in Wechselwirkung.
So entstehen **81 Facetten des Verstandes,** die die Ebenen des personalen Handelns,
des Bewußtseins, der bewußten Aktion, beeinflussen.

Sahasrara
Ajna

	Gyanendrias die Wahrnehmungen	***Tanmatras*** die feinstofflichen Elemente	***Karmendrias*** Handlungskanäle	***Mahabutas*** die groben Elemente
Vishudda	Hören	Gehör/Klang	Mund	Äther
Anahata	Fühlen	Gefühl/Berührung	Geschlechtsorgane	Luft
Manipura	Sehen	Gesicht/Form	After	Feuer
Svadhistana	Schmecken	Geschmack	Hände	Wasser
Muladhara	Riechen	Geruch	Füße	Erde

fläche des Ozeans von charakteristischer Form und Wirkung, in gewisser Weise Individuen. Dennoch sind **Essenz, Form und Sinn** aus dem Einen. Diese „Individuen" sind den drei gestaltenden Prinzipien der transzendentalen Natur unterworfen. Aus dem unendlichen Ozean des universellen Geistes entstehen unter der Wirkung der drei Kräfte die drei Prinzipien, ***Buddhi, Ahankar, Manas***. Sie entsprechen in einzelnen Zügen am ehesten der Gliederung der Bewußtseinsebenen in das höhere **Selbst**, das **Ego** und das **Es**.
Der **Intellekt** ist Teil des teils bewußt kontrollierten **Ego**. Wenn nun in der Seele durch die Wirkungen der Kräfte ***Mannas, Ahangkar*** und ***Buddhi*** auf der Ebene des Intellekts sich ein **Gedanke** manifestiert, folgen daraus **Gefühle,** die **Gemütsbewegungen** nach sich ziehen. Diese führen zu **Wünschen und Wollen**, woraus das **Handeln** folgt. Der Tat folgt die **Tatsache** mit ihren Echos. Während der Intellekt zwar zu jeder Zeit Gedanken wahrnimmt, ist es eine Folge der Verbindung mit der Seele, daß es zur Wahrnehmung kreativer, aufeinanderfolgender Gedankenketten kommt.
Aufgrund der **Erfahrungen der Vergangenheit**, deren Echo stets präsent ist, wird **jeder Gedanke im Geiste automatisch mit verschiedenen Verknüpfungen hinsichtlich Erfahrung, Handlung und Reaktion** im Unterbewußten **verbunden**. Diese Verknüpfungen **überlagern und verbergen den realen Inhalt** hinter, unter bzw. in einer projizierten Farbe, die sich in der Aura als Schwingung einer bestimmten Frequenz erkennen läßt. **Der „eingefärbte Gedanke"**, der nicht mehr mit der ursprünglichen Idee identisch ist, **ruft Gefühle und Wünsche hervor, die zu anderen Handlungen führen als der ursprünglichen Idee entspräche**. Infolge der **Überlagerung** des ursprünglichen Gedankens **durch das Wirken** von ***Mannas, Ahangkar***, ***Buddhi*** und **positven, negativen und neutralen Kräften** ist es zu einer **Spaltung** gekommen, wodurch wir **uns der realen Folgen unseres Handelns nicht länger bewußt** sind.

Wenn den Handlungen, den Sequenzen schließlich Konsequenzen folgen, sind wir oft überrascht und reagieren mit Spannungen bis hin zur Erkrankung.

Umgekehrt führen Handlungen, die der Realität des Gedankens, wie er von der Seele initiiert war, entsprechend zur Erfüllung des Schicksals und ziehen kein Karma nach sich.

Denken, Fühlen, Wollen, Handeln

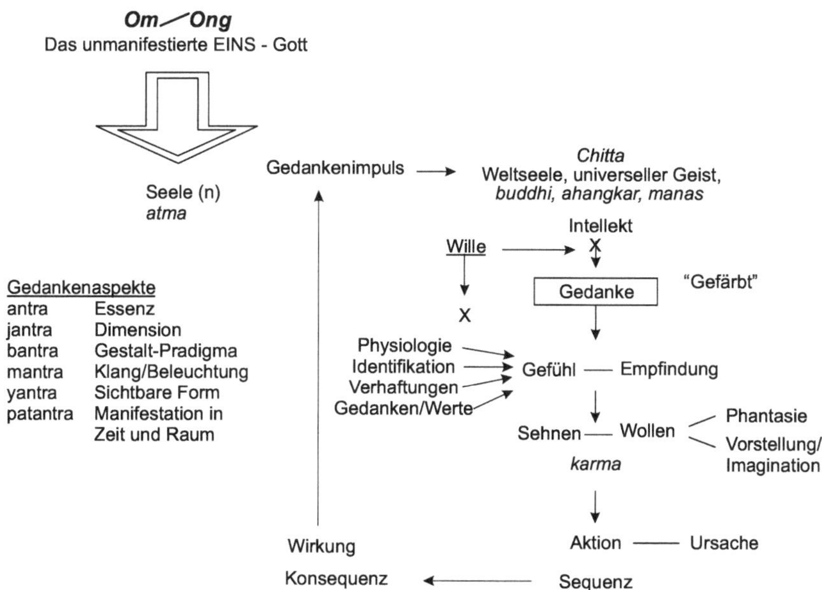

Von der Seele, ***atma***, gelangt ein strahlender Impuls in den Ozean des universellen Geistes, ***chitta***, der Weltseele – vor der Manifestation von Gedanken und Dingen. Dort sind die drei Aspekte der Schöpfung, Kräfte, ***gunas***, wirksam. Aus deren Wirkung entstehen die drei Organe des Geistes, ***buddhi, ahangkar, manas***. Ihr Wirken formt einen wahrnehmbaren Gedanken. Dieser wird infolge des Wechselspiels der Überlagerung der Organe des Geistes und der drei geistigen Aspekte, ***positiv, negativ* und *neutral* weiter überlagert**. Der Gedanke wird gefärbt. Es kommt zur Entstehung von Gedanken über Gedanken

über Gedanken

über Gedanken ......

über Gedanken ....

Diese werden beeinflußt durch die eigene Identifikation und Verhaftungen infolge von Wertvorstellungen und Glaubensinhalten, mit denen wir den Rahmen setzen. **Gefühle** und **Empfinden** entstehen und **führen zu Sehnsüchten**, leer als **Phantasie** bzw. konsequent als **Vorstellungen**. Diese **lösen eine Handlung, Sequenz, aus**. Sequenz **führt zu Konsequenz, Effekt, Wirkung, Tatsache**.

Willen ist Wirkung, ist *karma*. Diese wirkt wieder auf den Geist und überlagert den 1. Kreis des Gedankenimpulses, so daß aus einem Gedanken viele folgen und die Überlagerungen immer komplexer werden.

1.) **Der Wille kann die Richtung der Gedankenfolge beinflussen.**

2.) **Durch den Willen ist** über eine Veränderung der Physiologie, z.B. Haltung, Stellung, Atmung **auch die Ebene der Gefühle und Empfindungen beeinflußbar** (siehe auch NLP).

Qualitäten eines Gedanken

Nach den Ausführungen von Yogi Bhajan **hat jeder Gedanke mehrere Qualitäten**. Da ist zunächst **die Essenz *Antra***. Er hat auch eine Entsprechung in sichtbarer **Form *Yantra***. Ihm entspricht eine **Klanggestalt *Mantra***. Seiner **dimensionalen Struktur** entspricht das ***Jantra***. Um seine Entstehung möglich zu machen müssen spezielle Bedingungen, **unterstützende Strukturen** geschaffen sein – ***Bantra***. Die **Realisation in Raum in Zeit** wird als ***Patantra*** bezeichnet.

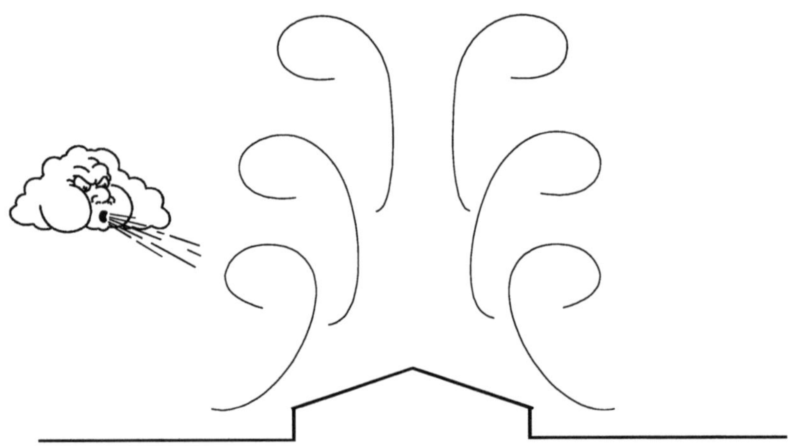

Sein in Bewegung, das auf einen Einfluß trifft, hier der Strom hinter einem Brückenpfeiler mit Wind von links, bildet geordnete **Strukturen**, die jede für sich **wie eigenständig** reagieren, in Essenz, Form und Wirkung, obwohl ihnen **dieselbe Natur zu eigen** ist. Diese stehen wieder miteinander in Wechselwirkung. Es entstehen Überlagerungsfiguren, Interferenzen.

Die Resonanz mit der Weltenseele kann durch bewußte, geistige Hinwendung hergestellt werden. Sofern die Schwingungsmuster ausreichend aufeinander abgestimmt sind, kommt es zur klaren Informationsübertragung. Es ist, als wenn Sie mit einem Satellitenempfänger aus dem Wust an elektromagnetischen Wellen ein einzelnes Programm herausfiltern, indem Sie das Gerät entsprechend einstellen. In wenigen Fällen jedoch sind die Überlagerungen so stark, daß die Informationen aus übergeordneten Seinsebenen unübersehbar ins Bewußtsein drängen. In meiner Zeichnung wäre das z.B. ein Stein, ein schwimmender Ast oder ein Wasserfall, der einzelne oder alle diese Strukturen beeinflussen würde. Im gewöhnlichen Leben jedoch wird der Geist das Wesen der Dinge erst dann und dann immer tiefer erfassen, je eindeutiger er sich dahin ausrichtet. Wie bereits weiter oben erwähnt, müssen wir, um die richtigen Antworten zu erhalten, die richtigen Fragen stellen. Gutes Strukturieren bringt gute Ergebnisse, erstklassiges Strukturieren bringt erstklassige Ergebnisse, außerordentliches Strukturieren bringt Außerordentliches, Hinwendung und Verschmelzen mit dem Grenzenlosen ...

Mit der fast höchsten Ebene der überpersonalen Information, der Überseele, der Weltseele, kann nur derjenige kommunizieren, der seinen Geist auf diese Ebene richtet und mit ihr in Resonanz ist. Dies ist einer der Schritte auf dem Weg zum Ziel der WiederEINSwerdung und verändert die Wahrnehmung der äußeren und inneren Wirklichkeiten. Dies macht den Menschen geeignet, den n-dimensionalen Raum der Dinge zu verstehen, der gar kein Raum mehr ist, sondern wo Ursache und Wirkung eins sind.

EINS

om / ong

Seele		Natur
Ich		Dies
Subjekt		Objekt

Die zunächst unvollkommene Bewußtwerdung führt zur scheinbaren Trennung von Seele und Natur, von Ich und Dies, von Subjekt und Objekt.
Je umfassender die Ebenen der Resonanz bewußt werden, desto klarer wird die Erkenntnis - vom Sein, über das Ego zur Gruppenseele und zum „kosmischen Menschen".

„Aus der Sicht der modernen Physik bietet sich insbesondere das Quantenvakuum als eine Art universelles Verbindungsfeld an, das auf einer bestimmten Verdichtungsebene der physikalischen Wirklichkeit die individuellen Objekte wie Atome, Moleküle, Galaxien und Lebewesen miteinander verbindet. Es ist die am wenigsten dichte Form der Materie, die wir mit den gegenwärtigen Begriffen und Theorien physikalisch beschreiben können. Im Gegensatz zu dem Eindruck, den das Wort *Vakuum* impliziert, ist das Quantenvakuum nicht leer oder etwa als *Nichts* zu verstehen, sondern als eine dichte Struktur virtueller Energie. Es wird von der Quantenphysik als ein gasförmiges Kontinuum unterschiedlicher Dichte aus fluktuierenden virtuellen Teilchen beschrieben. Diesem Modell entsprechend stellt das Quantenvakuum ein Feld virtueller Energien dar, das sich aus der Sicht der physikalisch wahrnehmbaren Ebenen nicht in Form meßbarer materieller oder energetischer Strukturen manifestiert, sondern als Informationsfeld im Hintergrund, das aus einem gasförmigen Kontinuum virtueller Teilchen unterschiedlicher Dichte besteht. Dieses Informationsfeld besitzt den materiellen Strukturen gegenüber als virtueller Zustand eine übergeordnete Unabhängigkeit. Es evolviert mit der Materie, kann sich jedoch selbst modulieren bzw. von nicht-physikalischen Aspekten der Wirklichkeit wie dem Geist moduliert werden. Jeder lebendige Organismus besitzt nach unserem Modell ein individuelles, offenes Informationsfeld, in dem umfassenden Informationsfeld virtueller Energien des Quantenvakuums. ... Eine der wichtigsten Einsichten der Chaos-Theorie besteht darin, daß selbst die geringsten denkbaren energetischen Einflüsse ein physikalisches System beeinflussen oder gar steuern können. Ein solches physikalisches System, das chaotische Attraktoren beinhaltet, mag in seinem Verhalten den Anfangsbedingungen und den Umwelteinflüssen gegenüber so sensibel sein, daß selbst unmeßbare Variationen in den Randbedingungen die Dynamik des Systems grundlegend verändern. ... Prinzipiell wirken Informationen erst unterhalb bestimmter energetischer Intensitäten und werden mit abnehmender Energie sogar oft deutlicher." [17](Schmieke, M., 1997)

Über Meditation

Es ist als wenn wir uns auf einer rotierenden Scheibe befänden. Je weiter wir uns von der Mitte entfernen, desto schwieriger ist es, dorthin zurück zu gelangen. **Jedes Wort, das wir denken oder sprechen ist eine Ursache. Niemand kann seiner Wirkung entgehen. Von unseren Mitmenschen, unserer Umwelt sowie schließlich von uns selbst werden wir in Bezug auf die Vibration beurteilt, die wir durch unsere Worte hervorrufen**.

Yogi Bhajan sagt: **Ihr seid rein geboren, aber Ihr habt vergessen rein zu leben, indem Ihr soviel Emotionen in Euch aufgenommen habt**. Was immer Ihr denkt oder tut, fragt: **Macht mich dies ehrenhaft und vertrauensvoll, macht es mich rein, vermag es mich zu meinem Schöpfer zu erhöhen?**

Gedanken, mit denen wir nicht bewußt umgehen, fließen ins Unterbewußtsein. Meditation ist eine selbst hervorgerufene Trance, in der das Unterbewußtsein gereinigt wird, dies führt dazu, daß der Mensch wieder Herr seiner Selbst wird. Sie können sich selbst wieder vertrauen. Folge ist, daß man sie akzeptiert und ihnen traut.

Mit dem Meditieren ist es wie mit dem Duschen. Wenn ihr nicht duscht, werdet ihr stinken und wenn ihr euer Unterbewußtsein nicht reinigt, werdet ihr krank. Ihr könnt wohl Dinge tun, während ihr vergeßt oder von denen ihr wollt, daß alle anderen sie vergessen, aber das Unterbewußtsein speichert sie. Beim Meditieren öffnen sich die Erinnerungen, auch wenn ihr sie nicht sehen wollt. Das ganze Haus muß gereinigt werden.

Die allerhöchste, die am allermeisten wirksame Energie auf diesem Planet ist das Wort. Ganz bewußt müssen wir seine Kraft verstehen, denn wir können durch das Wort eine ganze Welt erschaffen. **Worte sollen niemals fahrlässig, oberflächlich sein. Dein Wort kann dein Schicksal ruinieren. Ein jedes Wort, das ein Mensch sagt, hat eine Schwingung.** Es offenbart den Menschen und kann dir geben, was du brauchst. Meditation bedeutet einen Gedanken zu nehmen und ihn bewußt zu machen, ihn von Einbildung und Phantasie zu reinigen, Sequenz und Konsequenz zu betrachten und dann zu entscheiden, ob und wie wir damit verfahren.

Gleichwie in einem wilden Wasser selbst der hineinfallende Stein kaum ein erkennbares Wellenmuster zu erzeugen vermag, bleiben auch unsere Gedanken ohne direkt erkennbare Folgen, wenn das Meer des Geistes unruhig ist. Meditation ist ein Weg, die geistige See zur Ruhe kommen zu lassen.
Dann tropft **das Mantra**, das Klangbild hinein. **Es ist wieder und wieder zu wiederholen**, auch wenn es schwer erscheinen mag. **Das Mantra ist wie eine Telefonnummer zum lieben Gott.** Schließlich wird er kommen und dir dienen.

Wo ist der Weg vom Dunkel ins Licht? Überall. **Willst du einen Guru** (übersetzt: Der Weg vom Dunkel ins Licht) **sehen, blick in den Spiegel.** Wenn jemand die Wahrheit zu dir spricht, so vergiß, wer dort spricht. **Das wahre Wort, die reine Schwingung, das ist der wahre Führer.**

Die stetige Wiederholung eines Klanges mit einer besonderen Atmung wird ***Jappa*** genannt. Dies **führt zur Bildung von *Tappa***, des inneren Feuers, in dem alte Muster verbrennen. ***Ajapa Jap*** bedeutet **„das nicht wiederholende Wiederholen"**. Es ist die Erfahrung, nachdem du dich auf ein Mantra, ein Klangbild eingestimmt und es gesungen hast, bei der eine Form des Echos im Geist angeregt ist. Der Klang wiederholt sich im Geist und manifestiert das Mantra. „Du mußt zuhören. Das ist wichtiger als zu singen." Wir alle kennen das Phänomen des „Ohrwurmes", eines Klanges, einer Melodie oder eines Liedfetzens, der uns den ganzen Tag begleitet. Genau genommen ist das nichts anderes; jedoch ist das „Mantra" dabei oft weniger wirkungsvoll.

„Es ist die Qualität der Menschen, die Qualität ihrer Gedanken, die Qualität ihrer Aufnahme, die Qualität ihrer Projektion, ihrer Art und Weise in die Welt zu gehen und in der Welt zu stehen, die Qualität ihres Verhaltens und die Qualität des Lebens, das sie führen, das ist worauf es ankommt... Warum lehre ich Kundalini-Yoga? Weil es dem Haushaltsvorstand hilft. **Der Mensch, der auf der Welt lebt, kann den Himmel auf Erden finden**. Er muß nicht erst sterben, um zu begreifen ob er in den Himmel kommt oder nicht. Er selbst kann den Himmel hier erfahren...
Es kommt nicht darauf an was du tust... Sei einfach, sei aufrecht und tu es mit einem Lächeln... Es gibt ein Sprichwort: „Die, die nicht ihren eigenen, persönlichen Gott lieben, haben Teil an der Unendlichkeit Gottes." Ihre Boote erreichen stets die Küste. **Die Idee ist, sich nicht einzuschränken. Die Idee ist, seine Unbegrenztheit zu spüren.**

Was immer du bist, bist du. Versuche nicht, dich mit Gewalt zu verändern – es wäre eine Gewalttat. **Versuche nicht irgendjemanden zu ändern – es wäre eine Gewalttat.** Laß es sein. Alles wird nach Hause kommen. Nur für ein paar Minuten, laß es fließen.

Der eine, der die Erde für dich kreisen läßt, meinst du nicht, er könnte auch für deine Probleme sorgen? Der eine, der Wald um Wald wachsen läßt, sollte sich nicht um diesen kleinen Zahnstocher kümmern können? Was ist das für ein Witz? Wo ist das Problem?" (Yogi Bhajan, 23.03.1990)

Aphorismen

Im Gebet sprechen wir zu Gott. **Beim Meditieren bemühen wir uns, still zu werden, damit wir die Stimme Gottes verstehen, wenn er mit uns spricht**

Wenn Sie mit den Begriffen Gott, Glauben und Religion, Probleme oder Spannungen haben, gehen Sie getrost darüber hinweg und ersetzen Sie ihn durch Schöpfungsursache, the great spirit, der große Geist oder was immer Ihnen passend erscheint. Der Einfachheit halber bleibe ich hier zunächst bei dem Begriff Gott.

Was macht das in einem Leitfaden zur Gesundheit? Es soll Ihnen Gelegenheit geben, sich selbst zu begegnen, die eigene Größe, das Wunder der eigenen Existenz und der damit verbundenen Möglichkeiten zu begreifen.

Yogi Bhajan sagt: „**Gott ist kein Phänomen. Er ist unendlich. Er ist unendlich, aber auch endlich. Er ist genauso ein Mensch, der spricht und der dir die Hand schüttelt, der mit dir tanzt und alles mit dir tut.** Wir müssen diese Energie verstehen. **Das Unendliche ist auch im Endlichen**. Warum sitzen deine Arme an deinen Schultern, warum nicht an den Hüften? Warum hast du zwei Augen, warum nicht ein großes in der Mitte? Warum atmest du nicht durch die Knie? Warum hast du eine Nase in der Mitte deines Kopfes? Da gibt es einen Architekten, der dich zu einer Vorlage gestaltet hat. Dein Aussehen und deine Anlagen wurden entsprechend dieser Vorlage gestaltet. Diese Energie kann entgegen allen Erwartungen nicht verleugnet werden.“ [18] (Bhajan, 1977, 271)

„Gott lebt nicht im siebten Stockwerk und es führt kein Lift zu ihm. **Du bist Gott, er ist Dein Ausdruck. Er ist Deine wahrhaftige Identität. Darum ist Gott überall, weil überall, wo Du bist, auch Gott ist.** Wo immer Du etwas erzeugst, organisierst oder zerstörst, geschieht es als ein Bruchteil desselben, das im universellen Menschen schon lange existiert. Darum können wir schlußfolgern, daß **der Mensch das Abbild oder die begrenzte Aktivität der universell wirkenden Aktivität** ist.“ [19] (Bhajan, 1977, 273)

„Es ist wahr, daß zwischen dem Menschen und Gott kein Unterschied besteht. Der Unterschied ist im Begreifen. Der Mensch hat niemals begriffen, daß er tatsächlich

Gott ist. Der Mensch hat immer nur verstanden, daß er Mensch ist. Er ist ein menschliches Wesen. Als menschliches Wesen hat er nie erkannt, daß da ein Sein in ihm ist. In ihm ist ein unbegrenztes Sein." [20] (Bhajan, 1977, 274)

„Wir haben in uns den eigenen Ursprung nicht erkannt. Wir haben in uns die Summe unserer Möglichkeiten nicht begriffen. Wir beziehen uns jeweils auf unsere Begrenztheit. Oh Geist, Du bist ein Licht und Du bist ein lebendes Licht, aber wisse wer Du bist. Wer bin ich? Bin ich ein Finger? Ja, ich bin ein Finger, zum handeln; aber ich bin kein Finger. Bin ich ein Gehirn? Ja, zum handeln bin ich ein Gehirn, aber ich bin kein Gehirn. Bin ich ein Herz? Ja, zum handeln bin ich ein Herz, aber ich bin kein Herz. Nun was also bin ich? Ich bin eine Kombination funktioneller Aktivität. Wenn ich aber eine Kombination zweckmäßiger Aktivität bin, was ist meine Quelle? Meine Quelle ist jenseits meiner selbst. Was bedeutet jenseits meiner selbst? Unendlichkeit. Nenne es Gott, nenne es Buddha, nenne es wie Du willst." [21] (Bhajan, 1977, 276)

„Meditation ist das Reinigen des Geistes. Es gibt keine Zimmermädchen. Du mußt es selbst tun. Es ist nicht friedvoll. Der innere Müll kommt heraus. Der ganze Müll und Dreck schwimmt herum in eine negative Richtung und Du singst das Mantra in eine positive Richtung, so daß alle Negativität durch Positivität kompensiert wird." [22] (Bhajan/Singh, 1996)

Kinder und ihre Probleme

Wie alles so kam und seinen Fortgang nahm?

Lassen Sie uns gemeinsam schauen, ob nicht doch etwas Nützliches dabei herausspringt, all diese Gedanken mit dem Thema der Gesundheit zu verknüpfen.

Am Anfang war also EINS, das Eine, die Schöpfungsursache, Inhalt, Essenz, Gott, Om-Ong. Es geschah ein Brausen im Ozean, Bewegung entstand, aus Klang und Bedeutung. Es entstand der scheinbare Unterschied, indem sich das Ich und das Dies vermeintlich unterschieden erkannten. Gedanken entstehen, Gedanken über Gedanken und Gedanken über Gedanken über Gedanken und so weiter. Das Gebilde wird immer komplexer. Schließlich verdichten sich einige Anteile bis zur

Materie und entwickeln sich vom Mineral über die Pflanze und das Tier bis zum Menschen. Staub vom Staub, aus Lehm gemacht und doch beseelt, geistbegabt.

Diese Grundtatsache alles Existierenden, die eigentliche Einheit von *Ich* und *Dies*, ist der gemeinsame Schlüssel hinsichtlich Yoga, den Religionen, Silva-Mind, NLP und gesund sein.

Der Brennpunkt der Betrachtung entscheidet. **Verstehe ich mich als getrennt, gesondert, wird es mir schwerfallen, die Wirkungen des Geistes zu erfahren.** Je intensiver mir das eigene Sein, die Verbindung alles Geschaffenen erlebbar wird, desto mehr sind die Grenzen zwischen *Ich* und *Dies* aufgehoben. Sich **in sein Gegenüber einfühlen**, seine **Bedürfnisse verstehen**, sich selbst **verständlich machen**, **verstanden werden**, in Gedanken **ein Ziel erfassen**, über die **Gefühle erleben**, wie **die Gedanken** sich **zu Handlungen und zu Realität verdichten** – Einssein, das ist der Schlüssel.

So wie wir Wesen mit einer unendlichen Vorgeschichte und einer unendlichen Zukunft sind, die wir für kürzere oder längere Zeit auf dieser Ebene Erfahrungen zu machen erscheinen, sind wir **geistige Wesen** in menschlichen Körpern **und nicht als Menschen zufällig mehr oder weniger mit Geist begabt**. Wir kommen **aus der Ewigkeit und gehen in die Ewigkeit**.
Unser Hiersein ist kurz und wichtig; dennoch brauchen wir uns vor dem Heimgang nicht zu fürchten. Wenn also **Krankheit eine Folge** ist unseres Verhaltens, das aus der vermeintlichen Trennung entsteht,– nicht etwa Strafe, brauchen wir sie **nicht als Feind**, der zum Tode führt, **bekämpfen**, sondern können sie **als Freund**, der zur Erkenntnis führt, **begrüßen.** Schließlich führt das ganze Leben, unsere ganze Existenz in der Menschwerdung, zum Tode und dadurch zum Leben.

Was ist also passiert, als wir uns entschlossen haben, in dieser Zeit auf der Erde zur Welt zu kommen, zu inkarnieren? Das Wort ward Fleisch. Die Seele, unseres wahres Selbst, unsere göttliche Identität, ist einzigartig in diesem Universum, dazu bestimmt, einen ganz speziellen Aspekt auszudrücken. Gleich wie die Farben der Schmetterlinge sich unterscheiden, die Fingerabdrücke und die Stimmen, hat jeder eine besondere Schwingung. Und so, wie alle Scherben, auch

die ulkigsten, zusammengefügt sein müssen, damit eine Vase ihren Sinn, schön und dicht erfüllen kann, erfüllt jeder Schöpfungsteil seine Aufgabe.
Um nicht sogleich mit der Universalseele wieder zu verschmelzen, sondern zunächst einen besonderen Erfahrungsweg gehen zu können, ist **die Seele, der *spirituelle Körper*, von einem *Subtilkörper* umgeben**. Auf diesem *Subtilkörper* sind die **Eigenheiten unserer Persönlichkeit, das Individuelle, das Personale in diesem speziellen Leben** angelegt. Die Anlagen entscheiden sich am Begehren des Menschen in Gedanken, Worten und Werken zu wirken, Karma. Das heißt: Da alle Wege, auch die verschlungensten, vom selben Ursprung ausgegangen sind und zu dem selben Ziel führen, sind unzählige Entwicklungsvarianten geschaffen. Jede Seele hat das ihr innewohnende Bestreben, ungenutzte Entwicklungschancen gleichsam nachzuholen, sich zu vervollständigen. Daraus erwächst das Bemühen, ungelöste Fragen, offene Probleme, erneut angehen zu können. Dies ist die Grundlage des Wunsches, auf der Erde unter besonderen Bedingungen geboren zu werden. **Ziel ist es, auf einer anderen Erfahrungsebene zu erproben, was in der Theorie, in geistigen Sphären so einfach scheinen mag.** Es ist die Transformation, das Hinübergehen von einer Stufe zur nächsten, einer spiralförmig verlaufenden Bewegung.

So wie im täglichen Leben wir Menschen, so wir uns verstehen und verständigen wollen, die gleiche Sprache sprechen müssen, also **die vermeintliche Trennung zwischen *Ich* und *Dies*** auf dieser Ebene mehr oder weniger aufgehoben wird, benötigen wir auch auf der nächst höheren Ebene als Seelen die gleiche Sprache, um Erfahrungen aneinander machen und miteinander austauschen zu können. So kompliziert das klingen mag, so einfach und so wichtig ist es.
Es **entlastet uns von der vermeintlichen Schuld, die *Täter* und *Opfer*, *Eltern* und *Kinder* miteinander verbindet.** Den zukünftigen **Kindern sind Stärken und Schwächen und Weg der Eltern** auf der geistigen Ebene **überschaubar**. Sie wählen diese Eltern und entscheiden sich für dieses ganz spezielle Leben unter den ganz besonderen Bedingungen, weil in den Problemen der Eltern der geeignete Erfahrungsraum zur Verfügung gestellt ist, die eigenen Anlagen zu erproben und die notwendigen Erfahrungen zur Vervollständigung der eigenen Erkenntnis machen zu können. **Weil Eltern und Kinder sich ähnlich sind, können sie miteinander austauschen, kommunizieren**. Selbst wenn die Basis und die Inhalte häufig höchst

unvollkommen und unbefriedigend erscheinen wollen, **gilt** doch, **daß jeder des anderen Spiegel ist.** Da der zeitliche Maßstab sich erheblich weiter streckt als ein gewöhnliches Menschenleben an Jahren zählt, ergibt sich zwanglos, daß ein jeder schließlich auch die Auswirkungen seines eigenen Handelns erfährt.

Seelen- und Subtilkörper des zukünftigen Kindes sind also bereits vom Moment der Zeugung an bewußt bei der Mutter, werden später in der Lage sein, jeden Gedanken, jedes Wort und jede Handlung der Mutter und der Menschen ihrer näheren Umgebung ganz genau wiederzugeben. Glücklich sein, Freude, Lachen, Singen werden von ihm genauso erfahren wie z.B. Verzweiflung, Wut, Haß und Ohnmacht. Selbst wenn die Erschöpfung so groß ist, daß allein um guten Willen aufzubringen, keine Kraft mehr vorhanden zu sein scheint, ist dennoch im Seelenkörper der zukünftigen Mutter das Element für die Resonanz mit der Schöpfungsenergie im Seelenkörper des zukünftigen Kindes und damit die Chance gegeben, schwanger zu werden. Sind die Bedingungen auf einer komplexen energetischen Ebene nicht erfüllt, wird eine Schwangerschaft nicht eintreten.

Die 120 ersten Tage

Bei der Empfängnis gesellt sich die Seele des zukünftigen Kindes zu einer bestimmten Frau. Mit ihrem Subtilkörper bietet sie den sich entwickelnden Zellen das Feld, statt zu einem formlosen Kloß zu den wunderbarsten Strukturen heranzureifen. Die Biochemie und Physiologie vermag wohl einzelne der herrschenden Mechanismen zu entschlüsseln, ist aber vor dem komplexen Geschehen genauso hilflos wie der Wissenschaftler, der, nachdem er die Geige in alle ihre Atome zerlegt hatte, dennoch nicht zu sagen vermochte, warum ein jedes Teil zuvor an seinem bestimmten Platze war und welche Kraft die Musik ausgeübt hatte, die zuvor von diesem Instrument erklang.

Es ist dies auch die Parabel, die die Gefahr der genetisch hergestellten Impfstoffe und Produkte im täglichen Leben jedem Menschen ahnungsweise erkennbar macht. Wenn wir auch wissen, durch welche Sequenzen von Aminosäuren dieses oder jenes Molekül codiert wird – was wissen wir über den Sinngehalt der Verbindungen, der mit der gleichen Sprache ausgedrückt wird. Wenn wir z.B. der Banane oder der Tabakpflanze Eigenschaften des Hepatitis B-Virus gentechnisch aufsetzen - was passiert, wenn wir diese „gentechnisch produzierten Sprachbrocken“ in lebende Systeme einschleusen, wo sie seit Millionen Jahren nicht gewesen sind? Werden hier vielleicht völlig andere, bis dahin unbekannte Resonanzen entstehen?

Doch gehen wir zurück zum körperlich enstehenden Leben. Jede Zellteilung ist ein Wunder. **Um wieviel wunderbarer ist es, wenn im Leib eines Menschen ein zweiter Mensch heranreift, in dessen Leibe bereits die Anlage für die kommenden Generationen begründet ist.** Seele und Subtilkörper des Kindes interferieren mit denen der Mutter. Aus yogischer Sicht umgibt die kindliche Seele mit ihrem Subtilkörper zwar die Zellen des heranwachsenden Körpers, lebt jedoch nicht in ihnen, sondern existiert auf einer höheren geistigen Ebene, von der aus sie auch dem Geist der Mutter viele Impulse zur Entwicklung zu geben vermag. So erklärt sich die Bereitschaft vieler Frauen, während der Schwangerschaft grundlegende Änderungen ihres Lebens einzuleiten und zu vollbringen. **Ab dem 120. Tag sind die Strukturen des Körpers komplex genug, auf daß Seele und Subtilkörper sich für den weiteren Verlauf fest mit den Zellen verbinden.** Das Herabsteigen aus den geistigen in die irdischen Sphären hat begonnen. Alles was die Mutter denkt, empfindet und erlebt, wird Teil des „unterbewußten“ Erfahrungsschatzes des heranreifenden Kindes.

Mit dem Abstieg aus den himmlischen in die irdischen Sphären **ist das Wachstum des personalen Ich, die Sonderung, die Sünde, die vorübergehende Herauslösung aus dem universellen Bewußtsein, aus dem Einssein** verbunden. Der Weg wird, oft nach fernen Tagen, in der bewußten **Rückkehr vom Ego über das Gruppen- zum Kollektivbewußtsein und schließlich wieder in das Eins** führen.

Nach den yogischen Lehren ist die erste Kraft der Natur gebärend, weiblich und entspricht dem Bild der großen Mutter.

Die Frau ist in natürlicher Resonanz mit diesem weiblichen Prinzip. Auf einer tiefen, inneren Ebene hat sie sich für die Schwangerschaft entschieden, so daß Leben in ihr heranreifen kann. Die Erkenntnis, daß gleichsam das Auto für seinen Fahrgast bis zum 120. Tag nach der Empfängnis noch zu klein, nicht komplex genug ist, hat eine weitreichende Bedeutung: Bemerkt eine Frau ihre Schwangerschaft, kann sie sich öffnen und dieselbe unterstützen. Kommt sie aber zu dem Schluß, daß sie diese

Verantwortung nicht auf sich nehmen könne oder wolle, kann sie Mittel und Wege suchen dieselbe wieder zu beenden. Bis zum 120. Tag, genauer bis zum Moment der Verbindung von Seele und Körper, werden die Folgen andere sein, als wenn sie einen Menschen tötete. **Jede Handlung hat ihre Folgen. Nach yogischem Verständnis jedoch ist es für den Verursacher viel folgenreicher, von Kindheit an einem zum Erwachsenen heranreifenden Menschen wiederholt übel zu begegnen und das Leid in der Welt zu mehren und zu mehren, als sich seiner Verantwortung zu stellen und zu Beginn eines sonst langen Leidensweges z.B. zu sagen: „Gott segne Dich** oder **ich segne Dich. Ich kann – ich will jetzt nicht Deine Mutter sein", und dann zu tun, was sie meint tun zu müssen. Dies ist keine Aufforderung zum fröhlichen Abbruch von Schwangerschaften und doch beinhalten diese Worte erlösendes**. Ein Unterschied ist im **Schuldgefühl**. In meiner Praxis sind mir ungezählte Frauen begegnet, die, **durch das Schuldgefühl, einen Menschen getötet zu haben, ausgehöhlt, selbst, zum Teil bis zum Krebs erkrankt** waren, sich **in ihrem aus mißverstandenem Verlangen nach Sühne und Reue begründeten Strafbedürfnis selbst krank gemacht** haben, **sich von ihrem Weg des Segens oft so weit entfernt** haben.

All unsere Sünden, Sonderungen aus der göttlichen Einheit, sind in den Sand geschrieben. Sicherlich soll Schwangerschaftsabbruch kein Verhütungsmittel sein. Dennoch befreit diese Erkenntnis ungezählte Frauen aus dem selbsterwählten Gefängnis ihrer selbstprogrammierten Schuld und setzt sie wieder in den Stand, ihren Lebens- und Schicksalsplan zum Segen der Gemeinschaft weiter zu verfolgen.

Es gibt keine Schuld. Es gibt nur Verantwortung. Gedanken werden zu Gefühlen. Aus Gefühlen wird Willen. Willen wirkt in weiteren Gedanken, Worten und Werken. All dies ist Ursache und Wirkung, wir alle erfahren sie. **Unser Seelenkörper ist ein Teil Gottes, der unteilbar ist. Zu dieser Erkenntnis zurückzufinden, sind wir aufgebrochen.**

Unsere Gefühle sind unsere Gefühle – sie sind nicht identisch mit unserer Essenz. Sobald wir uns mit unseren Gefühlen identifizieren, mit unserem Körper, beginnt die Trennung, die Sonderung, Sünde.

Vom Schicksal des Kindes

Was passiert nun zwischen dem 120. Tag der Schwangerschaft, einem Tag, an dem in vielen indischen und anderen in dieser Tradition stehenden Familien eine Feier gehalten wird, bei der die Frau der besonderen Unterstützung von Familie und Freunden versichert wird und dem Zeitpunkt der Durchtrennung der Nabelschnur, dem Moment der äußeren Sonderung des Kindes von seiner Mutter?

Eine alte indische Erzählung berichtet von einer Königin. Als diese schwanger wurde, ward ihr gesagt, sie habe die Seele eines Dämons angezogen. Ihr Kind würde furchtbar sein und sie und das Königreich zerstören. Schon fünf Tage, nachdem die Seele in ihren Leib eingezogen war, also am 125. Tag, konnte sie bereits fühlen, daß alles in ihr in Unordnung gekommen war. Sie suchte einen Heiligen auf, ihn zu befragen und bat ihn, daß er sie segne. Der Mann blickte sie an und gab ihr die Weisung auf den Namen Gottes zu meditieren. „Geh hin und diene anderen selbstlos und erfahre Gott in dir und anderen in Demut." **In der Tiefe ihres Wesens ergriffen ließ sie ihren göttlichen Kern Denken, Wollen und Handeln bestimmen, speiste die Hungrigen, pflegte die Kranken und diente den Armen.** Als der Zeitpunkt der Geburt gekommen war, gebar sie eine helle, allen zum Segen leuchtende, heilige Seele. **Im Mutterleib kann jede Seele rein werden.**

Diese Parabel, die ich hier wiedergegeben habe, beschreibt einen wunderbaren Abschnitt des Menschwerdungsprozesses, der sich von der Empfängnis an stets wiederholt. Nach dem Verständnis des Kundalini-Yoga ist die lichte Seele von den Begrenzungen der Individualität des Subtilkörpers und von weiteren acht Körpern umgeben. Erst wenn diese Begrenzungen bewußt erkannt, angenommen, aufgenommen, verarbeitet, die „Sünden" bekannt werden, das „Erkenne Dich selbst" vollzogen wird, kann das Strahlen sich wieder ungehindert mit seinem ganzen Sein verbinden.

Wenn Sie das Folgende gelesen haben, schließen Sie für einen Augenblick die Augen und geben Sie Ihr Bestes, das Wunderbare zu erfassen, wovon dort geschrieben steht. Wahrhaftig, es ist nichts Neues und doch ist es wunderbar.

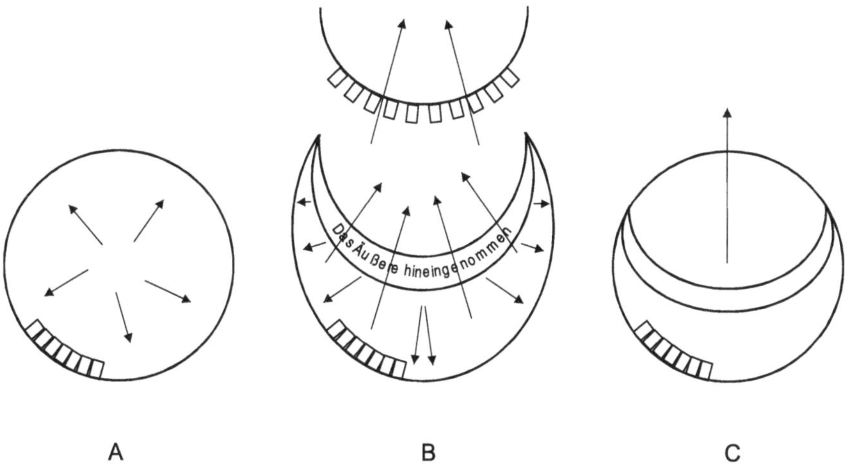

Die „Einstülpung"; das Einfalten

Die Bewußtwerdung der Begrenzungen, die Aufnahme und Verarbeitung dessen, was uns voneinander sondert, der „S ü n d e", ermöglicht es, daß der Wesenskern, die Seele, wieder ins Eins zurückkehrt.

A) Keine Kommunikation

B) Das Äußere aufnehmen und verinnerlichen

C) Den Gehalt transformieren

(Die gezeichneten Bezirke der Wand sollen gleichsam, als wie mit einem Vergrößerungsglas betrachtet, aufgefaßt werden. D.h. die Wandelementale machen die gesamte Wandung aus.)

Die Eizelle sondert sich aus dem Verband der Zellen des Eierstocks und wird bei der Befruchtung in der Vereinigung mit der Samenzelle wieder ganz. Sie war Teil des mütterlichen Wesens und wird in der Einnistung des Eies in der Gebärmutter wieder Teil des mütterlichen Wesens, wie ein Finger, die Nasenspitze oder ein Wimpernhaar. **Zugleich lebt dort ein Teil des väterlichen Wesens**, doch räumlich fern von ihn. **Die Zellen wachsen in der Aura und den Körpern der Mutter**, baden in ihrer Energie und vermehren sich. **Wir alle sind unserer Eltern Fleisch und Blut.**

Jede Änderung, die die Mutter auf welcher Ebene auch immer vollzieht, vollzieht das Wesen in ihrem Leibe mit. **Jede Spannung, jedes Problem, das die Mutter während ihrer Schwangerschaft, angeregt durch den Austausch auf der**

Seelenebene, löst oder einer Lösung näherbringt, wird auch für das Kind bearbeitet und einer Lösung nähergebracht. Darum ist es von unschätzbarem Wert, wenn die zukünftige Mutter möglichst viel Raum erhält, die Anstöße zur Veränderung, die sie in ihrem Inneren in den ersten 120 Tagen verspürt hat, und die auch in der folgenden Zeit noch bewußter werden, umzusetzen.

Frau oder Mann – der kleine Unterschied?

Seele ist ein Teil der Schöpfungsursache, des großen Geistes, Gottes. Seele ist alles, ist „ne-utrum“, nicht das eine und nicht das andere, nicht männlich noch weiblich. Wenn wir als Frau oder Mann inkarnieren, dann, weil wir einen bestimmten Aspekt der Schöpfung, der Beziehungen in dieser Welt, erfahren wollen. Jede unserer Erfahrungen trägt bei zum Erfahrungsschatz des universellen Bewußtseins.

Seit Entdeckung der Positronen-Emissionstomographie (PET) ist es möglich, mit Hilfe radioaktiv markierten Zuckers, Zucker ist ein wichtiger Energielieferant für die Nervenzellen, den Stoffwechsel im Gehirn gleichsam zu belauschen. Es ergab sich, daß die gestaltmäßigen, anatomisch nachweisbaren, geschlechtsspezifischen Unterschiede im Aufbau des Gehirnes bei Frauen und Männern auch von funktionellen Unterschieden begleitet sind. So ist das **corpus calosum, der Balken, der die linke mit der rechten Gehirnhälfte verbindet, bei Frauen bis zu 23 % dicker als bei Männern**, was die Vermutung nahelegt, daß die Gehirnhälften bei Frauen besser miteinander kommunizieren. **Obwohl die Gehirne von Frauen durchschnittlichen deutlich leichter sind als die der Männer, ergab sich, daß im weiblichen Gehirn etwa 11 % mehr Nervenzellen im Bereich der Großhirnrinde existieren.**

Den Stoffwechsel im Gehirn untersuchend, während die Versuchspersonen, je 19 Männer und Frauen, Reihen von unsinnigen Wörtern lesen mußten, um zu bestimmen, welche sich reimten, ergab sich, daß bei allen 19 Männern eine Region im Stirnlappen der linken Gehirnhälfte, der hinter der linken Augenbraue angesiedelt ist, aktiv war. Bei 11 der 19 Frauen zeigte sich, daß nicht nur dieses Areal beteiligt war, sondern auch eines in der rechten Hemisphäre. Während bei einem Rechentest die Resultate bei beiden Geschlechtern scheinbar gleich ausfielen, ergab die

Positronen-Emissionstomographie, daß bei den männlichen Versuchspersonen besonders die Schläfenregion im Gehirn hoch aktiv war. **Bei den Frauen war die Aktivität gleichmäßiger verteilt.** Bei der Aufgabe, nach der Betrachtung eines Bildes zu entscheiden, ob der abgebildete traurig sei, erkannten Frauen 90 % der unglücklichen Gesichter. Bei den untersuchten Männern ergab sich, daß sie wohl in der Lage waren, die Mimik eines möglichen männlichen Rivalen richtig einzuschätzen. Hinsichtlich eines Frauengesichtes nahmen sie die Trauer nur in 70 % der Fälle richtig wahr. [23] (Begley/Odenwald, 1995)

In seinen Vorträgen sagt Yogi Bhajan, daß es während der Schwangerschaft zu einem bestimmten Zeitpunkt, wenn das Kind **im Mutterleib ein Junge** ist, zu einem **„Säurebad“** komme. Dieses habe die Funktion, **die Aktivität der rechten Gehirnhälfte der zukünftigen Männer zu dämpfen**. Durch Tausende von Jahren der Menschheitsgeschichte sei es ihre Aufgabe gewesen, im Kampf mit den Naturelementen zu bestehen, die Familie zu schützen und für Nahrung zu sorgen. Dabei seien komplexe, integrative Funktionen wie räumliches Denken und Kreativität, künstlerisches Empfinden und Einfühlsamkeit eher hinderlich gewesen. Da nun die äußeren Bedingungen andere sind, liegt das Ideal in der ausgewogenen Beteiligung beider Hirnhälften an der Umsetzung von Denken, Fühlen, Wollen und Handeln. Eine Mutter kann **die Wirkung des „Säurebades“** dadurch **ausgleichen**, daß sie während der Schwangerschaft regelmäßig eine bestimmte Meditationstechnik, die **Adi Shakti-Meditation**, übt. Genauso kann sie aber auch die **Möglichkeiten des Jungen zur Entfaltung führen, indem sie ihn erzieht, seine Gefühle wahrzunehmen und seine künstlerische Ebene ausbildet.** Schließlich können Jungen und Männer durch Meditation die Funktion ihrer Gehirnhälften ausbalancieren.

Kreativität und Fülle – Polarität und Trennung

Der erste diesweltliche Schritt ins eigene Leben beginnt mit dem Durchtrennen der Nabelschnur. Von jetzt an ist das Kind darauf angewiesen, seinen Körper, seine Körper zu entwickeln und zu erhalten. **Mit dem ersten Atemzug beginnt *der Prana-Körper* zu arbeiten. Er durchdringt alle anderen Körper und hält sprichwörtlich Leib und Seele zusammen. *Prana* ist die Lebensenergie**, die wir mit dem Atmen, durch die Nahrung und über das Licht und die Sinne aufnehmen. **Die reinigende Energie, *Apana,*** verläßt den Körper durch das Ausatmen und die Ausscheidungen sowie durch jede Form von Absonderung.

Der ***Prana-Körper*** kontrolliert alle Lebensäußerungen des Organismus. In ihm sind die Atemzüge „gezählt“. Ist das *Prana* aufgebraucht, stirbt der leibliche Mensch und geht durch eine neue Transformation. Der *Prana-Körper* wird während der Schwangerschaft aus den Energien der Mutter gebildet. Auch die übrigen sieben Körper, zusammen sind es nach der Lehre im Kundalini-Yoga **10 Körper**, werden aus den Energien der Mutter abgeleitet.

Neben den bereits besprochenen, dem ***Seelenkörper***, dem ***Subtilkörper***, dem ***physischer Körper*** und dem **Pranakörper** gibt es noch folgende Körper: Der ***negative Geist,*** der jeweils als erstes reagiert, den Menschen zu schützen, bemüht ist, Leid zu vermeiden, der ***positive Geist***, der auf alles hinstrebt und bemüht ist, Wonne zu vermehren, indem er Vorteil und Nutzen einer jeden Situation aufzeigt, der ***neutrale Geist***, der in Selbstlosigkeit und Demut, frei von allen Spekulationen, Vorteile und Nachteile abzuwägen vermag, ausgleicht und seine Entscheidungen in Bezug setzt mit unserem Schicksal und unserer Indentität, dann die ***Bogenlinie,*** ein Körper, der wie der Heiligenschein in alten Darstellungen über dem dritten Auge in der Mitte der Stirn, von einem zum anderen Ohrläppchen verläuft, und der für Erkenntnis und Kommunikation eine wichtige Bedeutung hat – **Frauen haben eine zweite Bogenlinie, die von Brustwarze zu Brustwarze verläuft und unter anderem als Schutz für das Kind dient**, der ***Aura-Körper***, der dem elektromagnetischen Feld entspricht, das den leiblichen Körper in verschiedenen Farben umgibt und Gefühle, Gedanken und Charaktereigenschaften widerspiegelt und der ***Strahlungskörper***, der z.B. durch die Art, wie wir unser Haar tragen, beeinflußt wird, indem es entweder die Ausstrahlung königlicher Klarheit und Stärke unterstützen oder zum Zeichen von Verworrenheit und Mangel an Kraft werden kann.

Während allen Menschen diese 10 Körper eigen sind, unterscheiden sich die Kinder doch in ihrer Reaktion auf den Moment, in dem die Nabelschnur durchtrennt wird und der Aufbau der Aura beginnt.

Neben den geschlechtsspezifischen, gestaltlichen Unterschieden des äußeren Menschen und den inneren gestaltlichen Unterschieden des Gehirns, der auch auf der funktionellen Ebene einem Unterschied entspricht, **gibt es ein unterschiedliches emotionales weibliches und männliches Muster, das bereits mit der Durchtrennung der Nabelschnur seine Wirkung entfaltet**.

Die Mädchen, die mit der Fülle der Eizellen, auch wenn diese noch unreif sind, geboren werden, **begreifen sich** mit der Durchtrennung der Nabelschnur **als weibliches Prinzip, ganz, schöpfungskompetent, bereit aufzunehmen und zu gebären, eins mit der Mutter**.

Im Unterschied dazu sind **bei den Jungen** zum Zeitpunkt der Durchtrennung der Nabelschnur **noch keine Spermien in den Hoden. Ihre Schöpfungskompetenz schlummert noch in der Anlage**. Wenn ihre Aura sich aufzubauen beginnt, ergibt sich für sie sogleich die **Polarität zur weiblichen Energie** der Mutter, woraus das **Erleben des Getrenntseins** entsteht. Bald in der Entwicklung folgt **die Phase des Sehnens nach der weiblichen Kraft zur Vervollständigung der eigenen Schöpfungskompetenz**, die in der Mutter personifiziert ist. Mit dem Begreifen, daß diese Frau einen eigenen Mann hat, wird das Erleben der Trennung erneut unterstrichen. Das Ziel dauerhaften Einsseins, der Befreiung von den Wirkungen des Tuns kann nur darin erlangt werden, sich wieder bewußt mit dem Universalbewußtsein zu vereinigen.

Die Frau, die mit dem schöpferischen, gebärenden Prinzip von Natur aus eins ist, kann sich von den Wirkungen ihres Tuns entweder ebenfalls durch die Vereinigung mit dem Universalbewußtsein befreien oder auf 3, im hohen Sinne dienenden Wegen, nämlich, indem sie ein Kind anleitet, das universale Bewußtsein zu entwickeln, indem sie ihrem Mann darin dient, seine Anlagen zu erkennen und zu fördern, daß es ihm gelingt, sein Bewußtsein mit dem universalen Bewußtsein zu vereinen, und sie kann einer spirituellen Lehrerin oder einem spirituellen Lehrer dienen.

Mit der eigenständigen Bildung des leiblichen und der übrigen 7 feinstofflichen Körper kommt es auch zum **Erwachen des Ego**. Je weiter diese voranschreitet, desto weiter tritt **das Bewußtsein der Einheit mit dem Schöpfungsurgrund in den Hintergrund**. Oft dauert es Jahre, bis wir **über die Entwicklung unseres eigenen**

Bewußtseins zum Gruppenbewußtsein und schließlich zum universellen Bewußtsein, zum Einssein gelangen.

Gemeinsamkeiten

Gemeinsam ist uns allen, daß wir DA sind; hier, da oder woanders, bei vollem Bewußtsein oder ohne – aber **wir sind**. Ein Ding, das nicht ist, auf keiner Ebene ist, ist nicht denkbar, da es im Gedanken bereits in die Existenz tritt.

Die Haut unseres Körpers begrenzt unsere äußere Form auf einer bestimmten Ebene des Seins. Zur gleichen Zeit ist sie **auch Kontaktorgan** zu anderen Menschen. Sie offenbart Teile unseres Wesens und vermittelt unsere Reaktionen. Unser Erdendasein gibt uns die Chance, das Respektieren von Grenzen zu lernen.

Häufig gehen wir von der irreführenden Annahme aus, daß Materie sich vergeistigt. Einfacher wird es, wenn wir uns ins Bewußtsein rufen, daß alle Materie aus den gleichen Bestandteilen zusammengesetzt ist, die in unterschiedlicher Dichte und Frequenz miteinander in Wechselwirkung stehen. Das ganze Periodensystem der Elemente, Protonen, Neutronen, Elektronen, in einer Bahn gehalten, alles ist zur Gestalt gefügt, von einer Kraft, die darüber steht. Von dort, durch immer mehr Überlagerungen zur Verdichtung fortschreitend, wurden Strukturen gebildet, die schließlich zu dem zusammengefügt wurden, was wir als den menschlichen Körper verstehen. **Hilfreich ist es also, sich zu vergegenwärtigen, daß es zuerst Geist ist, der sich zu Materie verdichtet, um dann wieder zu Geist zu transformieren.**

Die „Urenergie", *prana*, deren Träger der Äther ist, können wir uns zunächst in verschiedenen Daseinsbereichen, Ebenen als einen Zustand unterschiedlicher Schwingung und Dichte denken. Die Bewußtseinsebene und die Ebene der Kommunikation, des Austauschs, des Lebens, hängt von den Wechselwirkungen ab, in denen die Lebensformen sich bewegen.

Lassen Sie uns, kurz auf die karge Grafik von den Wirbeln im Strom blickend, davon ausgehen, daß ein Impuls im großen Schöpfungsmeer, ein Gedanke, soviele Folgen ausgelöst hat, daß er die Komplexität einer Seele erreichte, die nach vielen, vielen Entwicklungsstufen bewußt inkarnieren will. Eltern treffen sich, verkehren miteinander und schaffen die biologischen Grundlagen einer erneuten Menschwerdung auf dieser Ebene des Seins. Entsprechend den Informationen aus dem *Subtilkörper*, der alle für die Eigenarten dieses Menschen bezeichnenden Züge verkörpert, führen die Überlagerungen dazu, daß Atome und Moleküle sich so gruppieren, daß nicht ein unförmiger Hefekloß heranwächst, sondern in den allermeisten Fällen ein wunderbarer Organismus, Mensch. Ist die Verzweigtheit und Vielgestaltigkeit der einzelnen Bereiche dieses Wesens soweit gediehen, daß die Seele in eine feste Verbindung mit dem Körper treten kann, geschieht es auch. Dieser Zeitpunkt wird mit dem 120. Tag nach der Empfängnis angegeben.

Wir müssen uns die großartige Organisation vergegenwärtigen. Jedes einzelne Atom, jedes einzelne Molekül dieses Wesens, das da heranwächst, hat eine unendliche Vergangenheit und dient in seiner ganz speziellen Eigenschaft jetzt in einem neuen großen Ganzen. Es ist, als wenn Enkel ihre Vorfahren erfreuen und ihnen zu neuen Dimensionen des Erlebens und Erkennens verhelfen.

Einige der alten indischen und tibetischen Texte berichten, daß die Wechselwirkung zwischen den Organen des Organismus Seinsebenen durch 88.000 Chakren und 72.000 Nadis geleitet werde.

Einigen Aufschluß über Zusammenhänge erhält der Leser aus der Arbeit „**Communication: Liberation or condemnation**“ von **Harbhajan Singh Khalsa Yogiji**, die Yogi Bhajan zur Erlangung des Doktorgrades der Philosophie 1980 an der University for Humanistic Studies, San Francisco, eingereicht hat. Er schreibt u.a. folgendes:
„In unserem Leben kommt es bei der Kommunikation nicht so sehr darauf an, wie weise oder spirituell wir sind, sondern die Frequenz unserer Kommunikation ist das wichtige. Frequenz der Kommunikation meint: Von welchem Chakra projiziert der oder die Betroffene bei der Kommunikation. Die Gedanken und Gefühle eines jeden Menschen drücken sich klar durch Form und Farbe in seinen Energiekörpern aus. Die Entwicklung seiner Persönlichkeit ist genauso zu erkennen, wie sein gesundheitlicher Zustand. Das Wort „**Chakra**“ stammt **aus dem Sanskrit** und bedeutet soviel wie Wagenrad bzw. das Drehen des Rades der Ordnung. Für unsere weiteren Betrachtungen wird es ausreichen, wenn wir festhalten, daß

wagenradartige Energiewirbel auf der feinstofflichen Oberfläche der Menschen existieren, die ein symbolischer Ausdruck inneren Realitäten sind. Sie können auch als Wirk- und Leitzentren des Körpers verstanden werden. Gewöhnlich, wenn wir von unserer Seele sprechen, unterliegt die Vorstellung, daß der Körper durch den sie oder er spricht, die ideale Person darstelle. Es scheint dann gleichsam, als ob die Seele ein Anhängsel des Körpers, gleichsam ein Fesselballon wäre, der über ihr oder ihn schwebt, in irgendeiner Form mit dem Menschen verbunden. Diese Vorstellung ist eine komplette Verdrehung der Tatsachen.
Jeder Mann und jede Frau ist eine Seele und besitzt einen Körper. Dieser Körper ist eine Gabe Gottes. Neben dem sichtbaren Vehikel, das wir benutzen, um unsere Geschäfte in der niederen Welt zu erledigen, haben wir verschiedene andere Körper, die nicht so einfach zu erkennen sind, mit denen wir auf der emotionalen und geistigen Welt handeln. [24] (Leadbeater, 1969, pp.1-2). Die Chakras sind Energiezentren, in denen die Ströme von einem der energetischen Körper der Person auf einen anderen derselben übertragen werden. Auch wenn wir sie gewöhnlich mit verschiedenen Organkreisen in Verbindung bringen, ist ihre Wirkung doch erheblich weiter reichend."

Von den vielen Tausend erwähnten Chakren gibt es insgesamt 8 typische Wirbel, die bei jedem Menschen erkennbar sind. Das erste der Zentren heißt **Muladhara**, *Wurzel-Chakra*. Seine Lage projiziert sich auf den Anus. Das zweite Zentrum wird **Svadhisthana**, *Sexual/Sakral-Chakra* genannt und projiziert sich zwischen Schambein und Nabel etwa in Höhe der Geschlechtsorgane. Das dritte, **Manipura**, *Nabel-Chakra*, liegt etwa 2 cm unterhalb des Nabels. Das vierte, **Anahata**, *Herz-Chakra*, projiziert sich in die Herzgegend. **Wishudda**, *Kehlkopf-Chakra*, ist das fünfte Chakra. Seine Lage ist in Höhe des Kehlkopfes. **Ajna**, *Stirn-Chakra*, ist das sechste Chakra und wird gemeinhin als das dritte Auge bezeichnet. Es liegt oberhalb des Nasenrückens leicht erhöht zwischen den Augenbrauen. **Sahsrara**, *Scheitel-Chakra*, das siebte Chakra, ist gemeinhin als der tausendblättrige Lotus bekannt und an der Stelle auf dem Kopf gelegen, wo sich bei den Kleinkindern die große Fontanelle findet. Als achtes Chakra ist die elektromagnetische Aura aller lebenden Wesen aufzufassen, die aus der Wirkung der Chakren entsteht und den Menschen umgibt.

„Die Chakren dienen im Energiesystem des Menschen als Empfangsstationen, Transformatoren und Verteiler der verschiedenen Prana-Frequenzen. Sie nehmen aus den feinstofflichen Energiekörpern des Menschen, aus seiner Umgebung, aus dem Kosmos und aus den Quellen, die an der Grundlage jeglicher Manifestation liegen, direkt oder über die Nadis Lebensenergien auf, transformieren sie in Frequenzen, die von den verschiedensten Bereichen des physischen Körpers oder der feinstofflichen Körper für ihre Erhaltung und Entwicklung benötigt werden, und geben sie wiederum über die Energiekanäle an diese weiter. Darüber hinaus strahlen die Energien in die Umgebung aus. Über dieses Energiesystem tritt der Mensch also in einen Austausch mit den Kräften, die auf den verschiedenen Seinsebenen in seiner Umwelt, im Universum und an der Basis der Schöpfung wirksam sind.“ [25] (Sharamon/Baginski, 1997, S. 11)

Das erste Zentrum ist mit den grundlegenden **Notwendigkeiten für das Überleben verknüpft: Sicherheit, Essen, Unterkunft, Ausscheidung**. Yoga-Übungen zur Stärkung sind **Krähe, Zange, Kamel, Kobra, Frosch, Mulbhand** – die untere Schleuse, das Zusammenziehen der Schließmuskeln von After, Sexualorgan und der Muskeln des Unterleibes. Bei der kindlichen Entwicklung, die sich im 7-Jahresrhythmus ereignet, steht im ersten Jahr das erste Chakra für **Stabilität, Urvertrauen, Verbindung zu den ursprünglichen Lebensenergien, Aufnahme einer Beziehung zur Erde und Durchsetzungskraft.** „Das Kleinkind wird durch seine große Offenheit gegenüber der Welt charakterisiert. Ohne seelischen Widerstand nimmt es alles aus seiner Umgebung auf. Mit unbegrenztem Vertrauen tritt es der Welt entgegen. Es lebt in paradiesischer Unschuld inmitten einer Welt, worin Gut und Böse sich unterschiedslos vermischen. Alle Sinnesorgane sind offen... Der Säugling ist ganz abhängig von seiner Umgebung. Umgekehrt kann man sagen: der Säugling gibt sich ohne Vorbehalt in seine Umgebung hin. **Strömt die warme, süße Milch in seine Leiblichkeit, dann kostet er diese Glückseligkeit nicht allein mit Zunge und Gaumen. Alles bis zum strampelnden Füßchen und den kleinen sich rhythmisch öffnen und schließenden Händchen, ist in dieses Schmecken einbezogen. Das Schmecken breitet sich über das ganze Wesen aus**. Die Seele öffnet sich ganz für die Außenwelt in einem alles durchdringenden Lustgefühl. Wenn das Kind sich sattgetrunken hat und befriedigt zurücksinkt, fällt es in die Unbewußtheit zurück, bis abermals das Hungergefühl eine Unlustreaktion hervorruft und das Kind nun wieder mit ganzem Körper sein Gefühl zum Ausdruck bringt. Da wird geschrien, gestrampelt und getreten, mit den Armen gerudert, und der Leib hin- und hergeworfen, bis das Kind schließlich schweißbedeckt und heftig erregt, völlig erschöpft ist. Wenn es dann, nachdem es trockengelegt wurde, wieder an die Brust genommen wird, gluckert es die erste Milch eifrig nach innen. Allmählich wird es ruhiger, **ein stiller Glanz verbreitet sich über das ganze Wesen**. Nach einer kleinen Weile kann es sogar loslassen, glückselig umherschauen, um dann schnell wieder nach dem süßen Brunnen zu suchen und befriedigt weiterzutrinken." [26] (Lievegoed, 1990, S. 12 - 33)

Das zweite Chakra steht mit seinen Funktionen **mit den Sexualorganen, mit Kreativität, Aktion und Geduld in Verbindung. Staunen und Begeisterung, Erotik und Sinnlichkeit** werden in der Anlage deutlicher. Yoga-Übungen, das zweite Chakra zu fördern, sind **Kamel, Frosch, Kobra, Schmetterling und die Bogenschützenhaltung**. Innerhalb der ersten fünf Lebensmonate hat das Kind etwa sein Körpergewicht verdoppelt. Während zwar der ganze Körper als ein einziges Sinnesorgan aufgefaßt werden kann, ist **das Wahrnehmen bereits von innen her durch aktives Interesse, durch Begierde, beeinflußt**. Die Handlung wird noch nicht vom bewußten Willen getragen wie es erst in der späteren Entwicklung möglich wird. „**Die Hingabe an die Welt geschieht mit einer Kraft, die sich im späteren Leben nur mit der alles durchdringenden Hingabe des religiösen Menschen vergleichen läßt**. Was im Religiösen auf das göttliche Wesen gelenkt wird, spielt sich beim Kinde auf leiblichem Gebiete ab. Rudolph Steiner sprach in seinen pädagogischen Vorträgen über diese „religiöse Hingabe" an die Umwelt und benannte sie mit einem neuen Ausdruck: **Leibliche Religiösität**! Die aktive Hingabe an die Umwelt hat zur Folge, daß das kleine Kind ein nachahmendes Wesen ist. **Was es in der ersten Lebensphase lernt, wird seins durch Nachahmung**. Diese Nachahmung ist mehr oder weniger intensiv. .. Das Nachahmen geht viel weiter als bis zum nachahmenden Sprechen oder dem spielerischen Nachahmen von Tätigkeiten der Umwelt. Bevor das Kind in seiner Entwicklung soweit ist, nimmt es schon viel aus seiner Umgebung auf. Und man kommt zu der paradox scheinenden Folgerung, daß **je weniger bewußt ein Kind der Wahrnehmung gegenübersteht, diese desto tiefer seine Seele durchdringe**. Dort wo das Kind **sich** noch **nicht bewußt der Wahrnehmung gegenüberstellen** und **diese verarbeiten** kann [das gleiche gilt für alle Erwachsenen[7]] bevor sie sein Eigentum wird, **gerade dort arbeitet der Eindruck am intensivsten weiter und kann bis in *tiefste*, unbewußte Schichten der Seele eindringen**. Dort bleiben diese Eindrücke liegen und bilden die Grundlage, auf der spätere bewußte Erfahrungen ruhen müssen. .. In dieser ersten Entwicklungsperiode haben die Eltern eine große Verantwortung gegenüber dem Kinde zu tragen. **Gerade alles dasjenige, was nicht zum Bewußtsein kommt, was nicht verarbeitet wird, weil die erkennende Seele sich ihm nicht gegenüberstellen kann, dringt hinunter in tiefste Schichten der Seele und bleibt dort liegen, um später Anlaß zu bestimmten Stimmungen, Gefühlen oder Handlungsweisen zu sein**. .. Ob ein Mensch so durchs Leben geht, daß er trotz allem Mißgeschick als Fundament seines Seelenlebens ein felsenfestes Vertrauen in das Gute dieser Welt hat, oder ob er, ungeachtet der Tatsache, daß ihm alles gelingt, Mißtrauen und Mangel an Freude als Grundstimmung hat, dazu kann die elterliche Umgebung in den ersten Lebensjahren sehr viel beitragen. ... Wer sich mit Kleinkindern beschäftigt, muß auch wirklich in seinem ganzen Interesse und mit herzenswarmen Empfindungen bemüht sein, in voller Ehrfurcht und mit sittlichem Willen diesem Menschenwesen auf seinem Erdenweg zu helfen. **Das Kind dieser Periode, das scheinbar „noch nichts begreift", nimmt die tieferen Seeleninhalte seiner Umwelt am allerintensivsten auf."** [27] (Lievegoed, 1990, S. 36/37)

Das dritte Chakra, der Energiewirbel im Bereich des Nabels ist gleichsam der **Macht Zentrum, Sitz des Egos, der Emotionen**. Von hier **nimmt die Entfaltung der Persönlichkeit, die Verarbeitung von Gefühlen und Erlebnissen, die Umsetzung der kreativen Einfälle**, ihren Ausgang. Yoga-Übungen zur Unterstützung dieser Funktion sind **alle Streckpositionen, Pfau, Bogen, Fisch, Sat Kriya, Feueratmen, Uddhyana Bandha** – die Zwerchfellschleuse, das Einziehen der oberen Bauchmuskeln und darüber hinaus alles, was die Bauchmuskeln trainiert.

Während der ersten Entwicklungsphase waren **zuerst die Hände** und dann die Beine Gegenstand der Entdeckung. **Dann kam die Aufrichtung** aus der Horizontalen mit Sitzen, Kriechen, Hochziehen. Während anfangs die **Arme** noch zur Fortbewegung gebraucht wurden, werden sie **bald zu einer Verlängerung des Herzens**. Zur gleichen Zeit entwickelt sich **die Fähigkeit des Sprechens** und damit

[7] Ergänzung durch den Verfasser

das erwachende Ich-Bewußtsein. Während das Kind **zunächst völlig in seiner Umwelt aufgegangen** war, beginnt **mit dem Sprechenlernen auch die Formation von Vorstellen und Fühlen**. Zwar kann es bald Dinge benennen und zeigen; im Fühlen bleibt es jedoch **seiner Umgebung aufs Engste verbunden** und **reagiert mit Lust oder Unlust auf die Außenwelt**. **Zunächst ist es triebhaft gesteuerte Begierde, die das Handeln lenkt, bevor das Ich erwacht und sich selbst Ziele setzt**. Dann steht das Kind bewußt, wollend in der Welt, setzt sich Aufgaben, die es zu Ende bringen will.

Wenn **das vierte Chakra**, das Herzzentrum sich entwickelt, erlangen wir die **Fähigkeit, Mitgefühl zu haben, Liebe auszutauschen, anderen entgegenzukommen.** Im späteren Leben entwickeln sich daraus die Fähigkeiten zu **tiefer Empfindung, zu Selbstlosigkeit, Hingabe, und Dienen** im spirituellen Sinne. Alle **Armübungen, Katze und Kuh, Drehübungen im Bereich des Brustkorbs, Schulterkreisen und Lachen**, sind Yoga-Übungen, die das vierte Zentrum, das des Herzens, stärken. Es gilt als **das erste der Zentren höherer Bewußtheit**, die sich **als Liebe manifestiert**.

Das fünfte Zentrum ist **mit tiefem Verständnis**, mit der **Ausdrucksfähigkeit in Sprache und Gesten** verbunden. **Offenheit und Furchtlosigkeit, Liebe zur Wahrheit**, werden von einer guten Funktion unterstützt. Yoga-Übungen, die das unterstützen, sind der **Schulterstand, Kobra, Pflug, Kamel, Katze und Kuh, Kopfkreisen und Jalandhara Bandha** – die Nackenschleuse, wobei durch das Anziehen der vorderen Halsmuskeln Wirbelsäule und Nacken in eine gerade Linie nach hinten gestreckt und das Kind leicht gesenkt wird.

Mit dem sechsten Zentrum können wir das Unsehbare sehen. Es ist das **Zentrum des Bewußt-seins, der Intuition, der Entwicklung der inneren Sinne, von Geisteskraft und Zielstrebigkeit.** Alle Yoga-Übungen, bei denen auf das dritte Auge, also auf die Mitte der Stirn geblickt wird und alle Übungen, bei denen die Stirn zum Boden geneigt ist, verstärken die Kraft dieser Zone.

Die Bewußtheit im siebten Chakra kann uns vermitteln, wo Gott ist und kann uns **den Weg unseres Schicksals, zur Erleuchtung, Einheit, zu Gott** erkennen lassen.

Es wird als der **Sitz der Seele** aufgefaßt. **Alle Yoga-Übungen, bei denen wir auf die Nasenspitze blicken, das Sat Kriya und Mahabandha** – die große Körperschleuse, bei der die Muskeln der unteren, der Zwerchfell- und der Nackenschleuse gleichzeitig angespannt werden, können die Funktion des siebten Chakras stärken.

Ist unsere Bewußtheit im achten Chakra, kennen wir die absolute Wahrheit.

Hinsichtlich der Entwicklung der Kinder gilt es, erneut zu unterstreichen, daß eine Seele sich inkarniert. Sie bringt nur einen *Subtilkörper* mit in diese Seinsebene. Alle anderen Körper und energetischen Äußerungen des Wesens entwickeln sich an ihren Strukturen über die Daseinsform im Mutterleib bis zum Kleinkind und Erwachen des Ich. Hier schließlich kann der Rückweg, die bewußte Rückkehr in das geistige Sein begonnen werden.

Als Quelle oder Ausgangspunkt der 72.000 Energiekanäle, die das Prana, die Lebensenergie, das alle Atome des Körpers genauso wie das ganze Universum durchdringt, durch den Körper leiten, gilt ein Bereich etwa einen Daumen breit hinter und unter dem Nabel. Alle Informationen gehen zuerst durch dieses Zentrum, bevor sie zum Gehirn geleitet und bewußt werden.

Ein Wort – und Sie erröten, eine aufmunternde Geste und Sie leisten außerordentliches. Eine Berührung und wir reagieren. Ein Gedanke und Schöpfung tritt ins Sein.

Wie sollte da irgend etwas ohne Wirkung sein? Von den wichtigsten Nadis beginnt **Ida am linken Nasenloch**. In diesem Kanal wird **die kühlende, beruhigend wirkende, negativ geladene, mondartige Energie, *Apana*,** geleitet. Zum **rechten Nasenloch zieht Pingala**, der Nadi, in **dem die positiv geladene, energetisierende, sonnenartige, reinigende Kraft, *Prana***, fließt.
Beim Einatmen und anhalten des Atems fließt *Prana* mit seinem kräftigenden, erhitzenden Effekt zum Nabel-Chakra. Beim Ausatmen fließt *Apana*, beruhigend, kühlend und erholsam für Körper und Geist vom Wurzel-Chakra ebenfalls zum Nabel-Chakra. Die Quelle der sich immer wandelnden Kreativität der Natur, die sich

im Menschen manifestiert, die Quelle der Shakti-Energie, der Kundalini ist im Bereich des vierten Lendenwirbels gelegen. Beide Energien müssen zusammenkommen, um das Aufsteigen der Kundalini durch die Sushumna, die sogenannte Silberschnur, den dritten im Bereich der Wirbelsäule gelegenen Hauptnadi aufsteigen zu lassen. Tief einatmend und den Atem anhaltend, wird das *Prana* zum Nabel-Chakra heruntergleitet. Wenn man vollständig ausatmet und den Atem aushält, wird das *Apana* vom Wurzel-Chakra hochgezogen. Das Aufeinandertreffen der Energien führt zur Entstehung einer sogenannten weißen Hitze. Diese erregt die Kundalini. Gemeinsam fließen die Energien zum ersten Chakra und von dort durch den dritten Haupt-Nadi, Sushumna, der in der Wirbelsäule gelegen ist, durch alle Chakren nach oben ins Kronen-Chakra. Dies führt zur **Erfahrung des Einswerdens**.

Die Sushumna erstreckt sich vom Muladhara-Chakra bis hinauf zum Zentrum des tausendblättrigen Lotus. Im Inneren der Sushumna befindet sich ein subtiler Kanal, die Vajrini und darin ein noch subtilerer, die Chitrini. Das Innere der Chitrini wird Brahma-Nadi genannt. Es ist der Leitkanal für die Bewegung der Kundalini. Dies ist keine Nadi im üblichen Sinne, sondern ein Vivara, ein hohler Durchgang, die Kula Marga, die königliche Straße der Kundalini, die zum höchsten Herrn führt. Zur linken und zur rechten winden sich Ida und Pingala um die Sushumna. Sie sind im Muladhara-Chakra und dann wieder im Ajna-Chakra vereinigt, wobei die Nase in ihren Lauf eingebunden ist. [28] (Pandit, 1968, S. 35)

Damit diese Energien fließen können, müssen einzelne **Blockaden**, die z.B. durch Verletzung, Erschöpfung und andere Erlebnisse verursacht wurden, **gelöst werden**. Am einfachsten kann das durch die Kraft des Atmens und Verwendung bestimmter **Klangbilder** im Zusammenhang mit verschiedenen **Körperhaltungen** und unter Betätigung der Körperschleusen bewirkt werden.

Der Prozeß der Bewußtwerdung, der Öffnung der Erkenntnisebenen, soll langsam und allmählich stattfinden, ohne daß wir unsere Position in Familie und Beruf verlassen.

Wie können wir etwas über unseren Zustand erfahren? Schlaf ist der Zustand, in dem das Ego nicht unter der Kontrolle des Bewußtseins gehalten wird. Die Seele schläft nie. Nehmen wir nun im Traum Symbole wahr, können wir auf Anregung oder Blockaden der Funktion der jeweiligen Chakren schließen.

In den Bereich des **Wurzel-Chakras** deuten alle Träume mit einer Erdsymbolik, von Höhlen, Tunneln oder Kellern. Auch Schlangen, Eidechsen, Kröten oder Stiere und Elephanten gehören in diese Ebene. Die Ebene des **Sexual-Chakras** umfaßt all die Symbole, deren Deutung insbesondere von Siegmund Freund als phallisch oder vaginal beschrieben wurde. Träume von Aggression und Gewalt, Verfolgungsträume oder Träume von Feuer und Bränden gehören zur Ebene des **Nabel-Chakras**.
Die Träume, die das Gefühl sehr bewegen, alle Träume von Liebe und Beziehungen haben eine Verbindung zum **Herz-Chakra**. Geht die Traumhandlung um Geheimnisse, fremde Sprachen, sakrale Musik und Gesänge, werden Grenzen oder Schlagbäume passiert, haben wir das Symbol des **Hals-Chakras** als der Grenze zwischen Kopf und Bauch vor uns. Mystische, ans märchen- oder sagenhafte erinnernde Träume beschreiben Vorgänge auf der Ebene des **Stirn-Chakras.**
Das Kronen-Chakra entspricht dem Seelenraum jenseits der Vorstellung und jenseits der Träume. [29] (Vollmar, 1994, S. 246-48)

Die bewußte Wahrnehmung unserer selbst, bringt uns der Selbsterkenntnis, der Lösung unserer Sinnfrage näher. Allein schon das Führen eines Traumtagebuches kann eine Fundgrube spannender Entdeckungen bereiten. Das Abenteuer Leben, Stufe um Stufe unser eigenes Sein und unsere Verbindung mit dem Ganzen zu erfassen, zu erfahren, ist ohne Grenzen – wie unsere Natur, die den Aspekten Gottes entstammt:

Gobinde:	Der Erhaltende
Mukande:	Der Befreier
Udaare	Der, der erleuchtet – der uns erhöht.
Apaare:	Der Unendliche, der uns unendlich macht
Hariang:	Der Zerstörer
Kariang:	Der Schöpfer – aus dessen Gnade alles geschieht.
Nimaame:	Der jenseits aller Begriffe –nicht an die Identität eines Namens, eines Begriffes gebunden
Akaame:	Der jenseits aller Wünsche – der aus sich selbst ist.

	Die Zentren	Farbe	Ton	Mantra	Vokal	Element	Sinnesfunktion	Handlungsorgan
	Kronen-Chakra **Sahasrara**	Violett, Weiß, Gold	H/SI/NI	OM	„m“			
	Stirn-Chakra **Ajna**	Indigo	A/LA/DA	KSHAM	i		Intuition	
	Kehl-Chakra **Vishudda**	Hellblau	G/SO/PA	HAM	e	Äther	Hören	Mund
	Herz-Chakra **Anahata**	Grün, Rosa, Gold	F/FA/MA	YAM	a	Luft	Fühlen	Geschlechts-organe
	Nabel-Chakra **Manipura**	Gelb	E/MI/GA	RAM	o **	Feuer	Sehen	After
	Sakral/Sexual-Chakra **Svadhistana**	Orange	D/RE/RE	VAM	o *	Wasser	Schmecken	Hände
	Wurzel-Chakra **Muladhara**	Rot	C/DO/SA	LAM	u	Erde	Riechen	Füße

*) Erstes „o“ im Wort sofort

**) Zweites „o“ im Wort sofort

Bewußtseins-bereich	Lebensthema positive und negative Variation	Von der Geburt bis zum 7. Jahre	Schwerpunkte der 7-Jahres-Rhythmik			Schritte auf dem Weg
			1. – 7. Lj. + Lebensjahr-siebt	bis zum 50. Jahre	75 - 100	
EINS-Sein	Einswerdung höchste Erkenntnis	In den ersten 3 Jahren des Abstiegs aus den Äthern, der Inkar-nation, ist die zuneh-mende Erdung auch an der Umstellung der Kostform zu erkennen. Umweltreize werden genauso wie Nahrung aufgenommen und ausgeschieden, nachdem das Wesen darauf reagiert hat	Beginnende Vergeistigung – Exkarnation Imagination 7. Lj. 50.-52. Lj.	Bewußtsein bilden	Leben beschließen, Transzendieren, Beziehungen zu Gott und der Welt bearbeiten	
Kosmisch bewußt	Bewußtwerdung, Wahrheitsfindung, Einsicht, Intuition, Erkenntnis der Unendlichkeit Negativ: Beherrschung, Machtmißbrauch		Bewußtseins-seele 6 Lj. 43.-39. Lj.			**Sat pad** Du bist Meister, aber es bedeutet Dir nichts
Gruppen bewußt	Verstandesbildung, Opferbereitschaft, Reinheit Negativ: Hochmut		Verstandes-seele 5 Lj. 36.-42 Lj.			**Sahej pad** Das Leben ist zauberhaft; der Kampf gegen das Selbst und all seine Täuschungen ist zu Ende. Es ist wie es ist.
Mensch/Ego	Liebe, Mitgefühl, Geben, Freude, Lust, Hingabe Negativ: Ausbeutung		Empfindungs-seele 4 Lj. 22.-35. Lj.	Wissen, Erkennen, Sammeln, Begreifen	Wissen weitergeben	**Shakti pad** Alles gelingt, das Ego bläht sich auf, wird kraftvoll und mächtig. Die Gefahr, sich von den Wurzeln zu trennen, wird groß, der Fall droht.
Tierreich	Ego-Ich, Abgrenzung, Fülle, Disziplin, Kraft Negativ: Gewalt, Zorn	„Ich“	Astralleib 3 Lj. 15.-24. Lj.			**Karam pad** Die Verliebtheit ist vorüber, der Ernst beginnt im stetigen Anwenden und Umsetzen.
Pflanzenreich	Kreativität auf allen Ebenen, Schaffen, Staunen, Begeisterung, Freude, Genuß, Sexualität Negativ: Gier	Bewegen/Laufen Sprechen	Ätherleib 2. Lj 8.-14. Lj.		Inspiration und Intuition	
Mineralreich	Erdung, Überleben, Sicherheit, Stabilität, Urvertrauen, Durchsetzungskraft Negativ: Materielle Verhaftung, Neid, Eifersucht, Gewinnstreben	Fest/Flüssig Brei Flüssig	biologischer Körper 1 Lj. 1.-7. Lj			**Saram pad** Im Licht der neuen Erkenntnis scheint alles wundervoll und leicht "Anfängerglück"

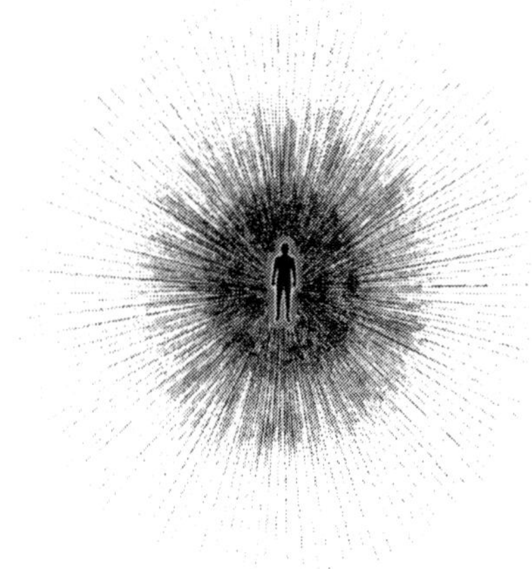

Abbildung nach (Sharamon, 1997)

Entwurf einer Nebeneinanderstellung verschiedener Begriffsfamilien hinsichtlich der „Aura“ des Menschen

Die <u>Körper</u> des Menschen von innen nach außen:

physisch	physisch		physisch	Erde
ätherisch	prana		ätherisch	Wasser
astral	aura	und arc line	emotional	Feuer
mental	mental,	(+, -, +/-)	mental	Luft
spirituell	seelen	und subtil-, strahlungs-,	spirituell	Äther

Um Ihnen durch die bewußte Hinwendung zu Ihrer eigenen Lichtnatur einen weiteren Zugang zu sich selbst zu schaffen, habe ich Ihnen hier eine Meditation geschrieben.

Chakra - Meditation

Ich atme Licht durch das **Zentrum meines Herzens**,
öffne mein Bewußtsein und erfahre meine Weite,
mein **Halschakra** und mein **Nabelchakra**,
als Licht, durch und um meinen Körper.

Ich atme Licht durch das **Zentrum meines Herzens**,
öffne mein Bewußtsein und erfahre meine Weite,
mein **Stirnchakra** und mein **Sexualchakra,**
als Licht, durch und um meinen Körper.

Ich atme Licht durch das **Zentrum meines Herzens**,
öffne mein Bewußtsein und erfahre meine Weite,
mein **Kronenchakra** und mein **Wurzelchakra,**
als Licht, durch und um meinen Körper.

Ich atme Licht durch das **Zentrum meines Herzens**,
öffne mein Bewußtsein und erfahre meine Weite.
Ich vibriere im **Schöpfungsklang.**
Ich bin **EINS** - bin **Licht**. (Äther-, Pranakörper)

Ich atme Licht durch das **Zentrum meines Herzens**,
öffne mein Bewußtsein und erfahre meine Weite,
bis zum **achten Chakra über meinem Kopf** und **unter meinen Füßen,**
als Licht, durch und um meinen Körper,
das Einssein von **Emotionalkörper** (Astral-, Aurakörper) und **allen Körpern**.
Ich bin **EINS** - bin **Licht**.

Ich atme Licht durch das **Zentrum meines Herzens**,
öffne mein Bewußtsein und erfahre meine Weite,
bis zum **neunten Chakra über meinem Kopf** und **unter meinen Füßen**,
als Licht, durch und um meinen Körper,
das Einssein von **Mentalleib** und **allen Körpern**.
Ich bin **EINS** - bin **Licht.**

Ich atme Licht durch das **Zentrum meines Herzens**,
öffne mein Bewußtsein und erfahre meine Weite,
bis zum **zehnten Chakra** über meinem Kopf und **unter meinen Füßen,**
als Licht, durch und um meinen Körper,
das **Einssein von Seelenleib** und **allen Körpern**.
Ich bin **EINS** - bin **Licht**.

Ich atme Licht durch das **Zentrum meines Herzens**,
öffne mein Bewußtsein und erfahre meine Weite,
bis zum **elften Chakra** über meinem Kopf und **unter meinen Füßen,**
als Licht, durch und um meinen Körper,
das **Einssein mit der Überseele.**
Ich bin **EINS** - bin **Licht**.

Ich atme Licht durch das **Zentrum meines Herzens,**
öffne mein Bewußtsein und erfahre meine Weite,
bis zum **zwölften Chakra** über meinem Kopf und **unter meinen Füßen,**
das Einssein mit der höchsten Ebene des Seins,
daß das **EINE** mir alle Kraft erschließt,
und sich in meinem Denken, Fühlen, Wollen und Handeln offenbart.
Ich bin **EINS** - bin **Licht**.

Ich bin Eins in der höchsten Ebene des Seins,
wirke und strahle aus dem Zentrum meines Herzens.

Ich segne all die, die mir je Arges getan.
Ich segne all die, denen ich je Arges getan.
Ich bin Antwort auf Gebet.

Gesegnet sei alles Sein und alles, was mir widerfährt

Ich erkenne das **EINE** in Allem.

Ich bin EINS in Gott.
Ich und Gott, Gott und ich sind EINS.

Ich lasse **das Licht aus mir strahlen**;
über mich hinaus, den **Raum** erfüllend,
über den Raum hinaus, den **Ort erfüllend,**
über die Straßen, bis **nach Haus,** darüber hinaus,
zu den **Küsten** und zu den **Bergen,**
über die **Kontinente,** über,
um und durch die ganze **Erde,**
darüber hinaus bis zum **Mond,** und
darüber hinaus.
Alle Planeten leuchten,
in der **Milchstraße** leuchtet eine **Galaxis** nach der anderen,
das ganze **Universum** leuchtet,
und jetzt - leuchten auch die **Zwischenräume** zwischen den Sternen.
Und jetzt - **bin ich eins mit dem Licht.**
Ich bin das **Licht, Liebe, Kraft, Stärke und Sicherheit**

Jeder Atemzug, jeder Herzschlag ist ein Neubeginn für mich im Jetzt.
Nichts aus der Vergangenheit hat Macht über die Gegenwart.

Ich erhebe meinen Geist, bis **Vergangenheit, Gegenwart und Zukunft** in der großen Erkenntnis **EINS** sind, und mir die **Einsicht in die Ursachen und Zusammenhänge** offenbar ist.

Alle Organe verrichten ihre Funktion so, wie es ihnen der Schöpfung nach vorbestimmt ist; ich bin gesund, bin ganz, bin heil.

Alles, was mein physischer Körper zum gesunden, erfüllten Leben benötigt, nimmt er **atmend aus dem Äther** auf, Licht, Kraft, Energie.

Ich erkenne meinen **Lebensplan**, meinen **Sinn**, den nächsten Schritt, bin **Eins,** bin **Tun**, **Sein**.

Ich entfalte jeden Augenblick meines Seins **vollständig im Einklang** mit der Schöpfung, **zum Segen und Wohlergehen jedes Einzelnen**.

Zur rechten Zeit, am rechten Ort erscheinen die Mittel und Menschen das Ziel zu verwirklichen.

Alles was ich weitergebe, in Gesten, Worten und Taten gereicht **zum höchsten Wohle aller**.

Alle meine Ebenen sind in vollkommener **Harmonie mit der EINEN** Schwingung, in Denken, Fühlen, Wollen, Handeln, unabhängig, ob ich wache oder schlafe.

Ich bin teilhaftig aller Kraft, verschmelze **im EINS.**

Alles geschieht **zum Segen des GANZEN** auf natürliche und harmonische Art und Weise.

Dieses Kapitel ist überschrieben **Gemeinsamkeiten** und ist ein Teil der Darstellung von Gegenständen im Zusammenhang mit der Kindesentwicklung und ihren Problemen. Bei der Entwicklung vom Säugling zum Kleinkind erkennen wir insbesondere die Entwicklung der ersten drei Chakren und schließlich die Hingabe an das Gute. Nach Abschluß des ersten 7-Jahreszyklus wird der zweite das Hauptthema des zweiten Chakras und der danach durch das des dritten usw. überlagert. Dabei gilt jeweils ein Grundthema für sieben Jahre, wobei auf der Ebene des Grundthemas alle sieben Stufen durchschritten werden. Ab dem 50. Lebensjahr beginnt die obere Oktave des Entwicklungszyklus; dazu jedoch später mehr.

Zunächst will ich abschließen, was wir an Gemeinsamkeiten über die Chakras noch wissen sollten. In der Doktorarbeit von Harbhajan Singh Khalsa Yogiji können wir dazu lesen: **„Wenn wir unter dem Gesichtspunkt der Frequenz unserer Kommunikation einander betrachten, wird es für den Zuhörer ganz deutlich, von welcher Bewußtseinsebene der Sprecher sich äußert.**

Wenn wir z.B. **vom ersten Chakra aus** sprechen, sind wir **verletzend und verächtlich**. Wenn wir **vom zweiten Chakra aus** sprechen, werden wir **aggressiv und beleidigend** sein und **häufig sexuelle Bezüge** verwenden. **Vom dritten Chakra aus** werden wir beim **Bemühen unseren Gesprächspartner in die Kontrolle zu bringen** zugleich positive und negative Äußerungen machen. Wenn unser Bewußtsein das **vierte Zentrum** erreicht, werden unsere Worte **wahr, freundlich und absolut liebevoll** sein. Während wir uns auf dieser Ebene bewegen, liegt es uns am Herzen, der anderen Person **all das** zu sein, **was Seele und Bewußtsein erbaut**. Wenn wir **vom fünften Zentrum** sprechen werden wir offen, absolut **wahrhaftig** und absolut **furchtlos** sein. Bewegen wir uns auf der **sechsten Ebene** können wir entweder **diplomatisch** lügen oder **die Wahrheit sprechen**. Aber diese Wahrheit ist **eine sanfte Wahrheit**, die sich von der des fünften Zentrums unterscheidet. Sind wir **auf der siebten Ebene**, wird es zur **Tragödie, da unsere Worte tausend Bedeutungen und einhundertausend Interpretationen haben**. Erreichen wir die **achte Ebene** des Bewußtseins, werden wir **nur noch sehr wenig sagen**. Wenn wir aber dennoch sprechen, wird es nur ein einziges bedeuten: **Es gibt nur einen Gott**. Dieses sind die acht Zentren der Kommunikation und die acht Frequenzen der Kommunikation im Leben eines jeden Individuums.

Es kommt nicht darauf an, wer wir sind, welcher Rasse oder welcher Religion wir angehören, die Manifestation der Frequenzen der Chakren während der Kommunikation ist für jedes Lebewesen gleich. **Die Intensität variiert mit unserer Bewußtheit und unserem Entwicklungszustand**. Dennoch bleibt die Essenz dieselbe. .. Ich sagte bewußt, .. **es kommt weniger darauf an was wir sagen, denn wie wir es sagen. .. Die Aura ist das elektromagnetische Feld, eine Strahlung, die den Körper umgibt**. Das Licht kann wenige Zentimeter bis etwa drei Meter strahlen. Die Aura der durchschnittlichen Person reicht etwa einen Meter weit. Sie wechselt ihre Farbe je nach dem emotionalen Zustand und dem Chakra, von dem aus wir sprechen. **Diese Ebene können wir nicht betrügen**. Unsere Worte werden uns verraten, sobald unsere Aura in den unserem Denken entsprechenden Farben zu leuchten beginnt. Es gibt sieben klare Farben, die ungestört in der Aura vorhanden sein sollten. **Wie auch immer, wenn wir durch unser Sprechen unsere innere Essenz betrügen, so wird unsere Aura sogleich grau, schmutzig und wolkig**. Wenn wir uns das antun, erniedrigen wir uns unter das Menschsein. Wir können dieser nonverbalen Ebene der Kommunikation nicht entkommen. **Wenn wir in Übereinstimmung mit unserer inneren Essenz kommunizieren, können wir tatsächlich mit der Kraft der Worte die Aura des anderen durchdringen**. Dann werden unsere Auras sehr klare Farben haben. Das kann eine sehr hilfreiche Therapie sein. **Wir müssen uns bemühen, von unseren höheren Bewußtseinszentren aus zu kommunizieren, damit wir unser Gegenüber in seinem Bewußtsein erheben**." [30] (Yogi Bhajan, 1980, S. 55-58)

Weiter hinten schreibt er: „**Die Kraft des gesprochenen Wortes ist göttlich. Es ist die Kraft Gottes. Wir müssen sprechen wie Gott.** Wenn sie über Gott sprechen, ist es für die meisten, als sprächen sie etwas jenseits von uns. Wenn wir wie Gott sprechen, so sprechen wir über etwas, das WIR ist. Wenn wir uns erinnern, daß Gott in uns ist und diese Kommunikation mit dem Selbst nichts anderes ist als Gottes Wille, werden wir auch **im Bewußtsein, daß Gott in uns ist, sprechen und handeln**. Wir haben **eine grenzenlose Verbindung mit Gott** und unsere Worte werden **liebevoll, höflich, glücklich und kreativ mit allem und jedem** sein. Traurigkeit wird unser Leben verlassen, da wir weder uns noch andere länger mißbrauchen.

Erinnere dich nicht an Gott, sei Gott!

Spreche nicht über Gott, spreche wie Gott.

Gott und ich, ich und Gott, ich bin eins.

Können wir das wahrhaftig sagen? Können wir das wahrhaftig praktizieren? Können wir das wahrhaftig leben? Können wir das wahrhaftig fühlen? In dem Moment, da unsere Energien der Unendlichkeit entgegenfließen, beginnt die Unendlichkeit uns zuzufließen. Eine Verbindung entsteht. Diese Verbindung ist die unbefleckte, unsterbliche Vereinigung des Begrenzten mit dem Unbegrenzten. In dieser unserer Welt erreichen nur wenige Menschen Heiligkeit. Unter den Heiligen sind nur wenige, die einen Bewußtseinszustand erreichen, indem sie ausschließlich Gott lieben. **Doch wofür sonst ist das Leben gemacht, wenn nicht mit der Unendlichkeit zu**

verschmelzen? Leben ist nicht was wir darüber denken. Uns wurde eine Chance gegeben. **Leben ist ein Privileg.** Tod ist ein Recht. Leben ist das Spiel des Lebens. Erfahrung des Lebens; es will erfahren sein. Darüber hinaus ist uns eine Basis gegeben und diese Basis, die Essenz ist Unendlichkeit.

Menschliche Wesen sollen Zeit und Raum genießen. Doch wenn wir die Erkenntnis unserer Führung durch Zeit und Raum aus den Augen verlieren, werden wir Schmerz und Übel in unserem Leben erfahren. Dann sind wir nicht länger bewußt, daß wir eine Bewußtheit haben, die mit uns geht. Wenn wir wahrhaftig begreifen, daß die Bewußtheit alles ist, was wir besitzen, und daß wir durch sie leben, werden wir tatsächlich mit ihr wachsen und voranschreiten. **Jeden Tag müssen wir uns erinnern, daß Gottes Güte durch uns strömen soll, von uns reflektiert werde, von uns fließen soll.**

Unsere Größe und unser Wert als menschliche Wesen liegt in unserer Würde, unserer Göttlichkeit. Wir sind die Geschöpfe des Schöpfers. Der Schöpfer und seine Geschöpfe sind eins." (Yogi Bhajan, 1980, S. 63-65)

Alles, was hier gesagt ist, gilt im Umgang von Menschen miteinander, gleich welcher Altersgruppe. Im Folgenden möchte ich zunächst meine Bemerkungen über die Probleme des Kindesalters abschließen.

Nach der Entwicklung des Säuglings zum Kleinkind folgt etwa **im 5. Lebensjahr die Entwicklung des Fühlens und der schöpferischen Phantasie**.

Etwa zur **Hälfte des 6. Lebensjahres** kommt es zum ersten Längenwachstum mit dem beginnenden **Übergang zur Schulkindgestalt**, und der stets klarer hervortretenden **Entwicklung des gerichteten Willens**.

Bis zum 3. Lebensjahr ist das Kind mit seinen feinstofflichen Körpern mit der Mutter verbunden. Die beginnende **Trennung** fällt in vielen Kulturen mit dem **Heraustreten aus der Familie in die Welt** zusammen. Das Kind spürt, daß ich und Welt nicht mehr eins sind. **Mit dem Herausbilden der zweiten Zähne** werden die bis dahin wirksamen, die Konstitution bestimmenden, **Gestalt bildenden Kräfte frei** und **können sich nun dem sinnbildlichen Vorstellen widmen: das Kind wird lernfähig**. „Es ist von der allergrößten Bedeutung zu wissen, daß die gewöhnlichen Denkkräfte des Menschen die verfeinerten Gestaltungs- und Wachstumskräfte sind." [31] (Steiner, 1925)

Die Verschiebung der Proportionen

An der leiblichen Entwicklung können wir das schubweise Wachstum von Kopf, Brust und Gliedmaßen an der Verschiebung der Proportionen verfolgen.

Der Kopf als Träger unserer Sinnesorgane und Voraussetzung für die bewußte spirituelle Entwicklung beherrscht das erste Jahrsiebt Das Kind ist **Tun, nicht Denken. Mit dem Beginn des Zahnwechsels** werden die Bildekräfte frei, die bisher im leiblichen Wachstum Zelle zu Zelle geführt haben. Nun können sie Gedanken aneinanderreihen, Begriffe bilden und somit die Anlage für ein Gedächtnis strukturieren. **Beim Schulkind** sehen wir in der leiblichen Entwicklung nun eine **Streckung des Brustkorbes**, während **auch die Gliedmaßen** zu **wachsen** beginnen. Die Rhythmen überlagern sich. Recht leicht können wir zwei Gruppen von Kindern unterscheiden: Die einen, die eher **gliedmaßenbetont** und die anderen, die eher **kopfbetont** wirken. Die ersteren sind **eher nach außen orientiert**, während die zweiten **eher in sich gekehrt**, phantasievoll erscheinen. **Vom Kopf als dem führenden Organ des Sinnes-Nerven-Systems** mit seiner Funktion **die Grundlagen des Gehenlernens, Sprechens und Denkens** zu bereiten, ging der **Schwerpunkt auf den Brustbereich, auf die Entwicklung des rhythmischen Systems und auf die Entwicklung des Fühlens und Empfindens** über. **Im dritten Jahrsiebt** ist das Thema mit dem **Einsetzen der Geschlechtsreife**, die bei Mädchen etwa im 12. Jahr und bei Jungen etwa mit 14 Jahren zu erwarten ist, **die Pubertätskrise**. Hauptthema dieses dritten Jahrsiebts ist, wie bereits erwähnt, die **Organisation des Egos im Wechselspiel von Macht und Emotionen**, auf der **Suche nach innerem Gleichgewicht und Inspiration**. Im 18. Lebensjahr durchschreiten wir unseren **ersten Mondknoten**. Das bedeutet **die Begegnung zwischen den Kräften, die unsere Entwicklung bis hierher bestimmt haben und denen, mit denen wir uns in Zukunft identifizieren**. Die bevorstehende Ich-Geburt zieht sich häufig bis **zum 21. Lebensjahr hin. Dann ist im allgemeinen auch das Längen- und Knochenwachstum abgeschlossen**, der physische Leib erstmals ganzheitlich ausgebildet, Grundlage unserer Identifikation. Geistige Strebungen und Sexualität, Bewußtsein und Triebleben, Fühlen und Wollen offenbaren den Boden, auf dem die Einmaligkeit und Unverwechselbarkeit unserer Person herangebildet wird.

Während das Vorschulkind noch ganz der Welt offen ist, wie sein offener Blick und der oft nicht ganz geschlossene Mund sichtbar zum Ausdruck bringen, ist das siebenjährige Kind, im 8. Lebensjahr mit dem Grundthema des zweiten Chakras (2. Jahrsiebt), der Reifung der Sexualorgane, befaßt. Dieses Thema wird überlagert von den Funktionen des Wurzel-Chakras, Überleben zu sichern, Stabilität, Selbstvertrauen und Sicherheit zu bilden. Auch in seinem körperlichen Ausdruck gibt das Kind das zu erkennen. Seine Augen sind eher abwartend auf die Welt gerichtet, der Mund ist geschlossen, wie eine Wand zwischen Innen- und Außenwelt. **Die Identifikation mit dem Ego verstärkt sich**. Im Denken ergibt sich die Veränderung von **Wahrnehmen und Assoziieren** zur **Bildung von Gedankenfolgen**, einer eigenen, geschlossenen Welt, deren Fundament erst mit der Pubertät wieder erschüttert wird.

Anfangs stehen die erwachenden Willenskräfte noch stark unter der Herrschaft der Phantasie, doch bald nimmt das Denken eine neue Richtung. Mit Eintreten in die Funktionsebene des vierten Chakras, deren Thema des spirituellen Erwachens die Entwicklung der Geschlechtsreife überlagert, gibt es im Gefühlsleben der Kinder einen intensiven Wandel. **Die Geborgenheit in seinem inneren Raum, die Freiheit seiner Phantasie erscheint zunächst phasenweise und dann immer länger wie aufgehoben.**

Die Außenwelt ist nicht länger gut, wie sie als Kleinkind erlebt wurde, nicht länger schön, wie sie in der Phantasie des zweiten Jahrsiebts erlebt wurde, sie erhält die harten Kontraste der so erlebten Wahrheit. **Innen und Außen, Ich und Dies werden zu neuem Kontrast**. Der Dualismus des Seins ist entdeckt. Die spirituellen Kräfte kondensieren in der Identifikation mit Vorbildern aus Sagen und Mythologie. Die Außenwelt wird erobert.

„Die erste 7-Jahresperiode brachte eine physiologische Entfaltung der menschlichen Seele. Denken, Fühlen und Wollen löste sich aus der früheren Gebundenheit an die leibliche Sphäre. **Die zweite 7-Jahresperiode zeigt eine psychologische Entfaltung.** Denken, Fühlen und Wollen machen ihre Entwicklung innerhalb der **sicheren Abgeschlossenheit** der eigenen Persönlichkeit durch. **Die dritte 7-Jahresperiode** beinhaltet die **soziale Entfaltung der menschlichen Seele**. Der Mensch muß seine Beziehung zur Welt finden und aus seinem Inneren heraus in die Welt hinein aktiv handeln.“ [32] (Lievegoed, 1990, S. 67)

		Denken	Fühlen	Wollen
0 – 2 Jahre		Periode der sinnesorganhaften Wahrnehmung Aufrichten – Gehen – Sprechen (Säuglingsgestalt)		
Physiologische Reifungsperiode	vom 2. Jahre ab	Entwicklung des Denkens. Assoziation der Wahrnehmungsinhalte. Übergang vom Säugling zur Kleinkindgestalt		
	vom 4. Jahre ab		Entwicklung des Fühlens, schöpferische Phantasie, Kleinkindgestalt (1. Füllung)	
	von 5 1/2 Jahren ab			Entwicklung des gerichteten Willens. Schulreife. Übergang zur Schulkindgestalt (1. Streckung).
Psychologische Reifungsperiode	vom 7. Jahre ab	Metamorphose des Denkens. Abgeschlossene Welt von Gedanken „bildern". Schulkindgestalt		
	vom 9. Jahre ab		Metamorphose des Fühlens. Erwachende Kritik. Trennung Ich-Außenwelt. (2. Füllung)	
	von 11-12 Jahren ab			Metamorphose des Willens, Pubertät (2. Streckung)
Soziale Reifungsphase	vom 14. Jahre ab	Synthese des Denkens. Weltbild. Geschlechtsreife		
	vom 16. Jahre ab		Synthese im Fühlen. Religiöses Streben (3. Füllung)	
	vom 18. Jahre ab			Synthese im Wollen. Soziale Verantwortlichkeit. Berufsvorbereitung. Nachreifung zu Mann und Frau

Lievegoed, Entwicklungsphasen des Kindes, S. 68

Junge Erwachsene

Die Zeit von der Pubertät bis zum 28. Lebensjahr

Die Zeit der **Pubertät ist eine Zeit der Einsamkeit**. Der Zauberglanz der Phantasie ist gewichen und die jungen Menschen finden sich zwischen kahlen, grauen Tatsachen. **Das Gefühl von niemandem verstanden zu sein kann fast bis ins**

Unerträgliche wachsen. Mit dem Übergang ins Grundthema des dritten Chakras, der Entwicklung des Ich, ist die Sexualität, die in der Vorpubertät eine so große Rolle gespielt hatte, in den Hintergrund getreten. Wichtig sind wieder Sicherheit, Stabilität, Überleben, die Themen des ersten Chakras als Beginn des dritten Zyklus.

V. Satir hat sich bemüht, die Perspektive der Heranwachsenden in einem Brief an die Umwelt nachzuempfinden:

„Am meisten brauche ich das Gefühl, geliebt und geschätzt zu werden, ganz gleich wie töricht ich erscheinen mag. **Ich brauche jemanden, der an mich glaubt, weil ich selbst nicht immer an mich glaube.** Ich habe das Gefühl, daß ich nicht stark genug bin, nicht intelligent bin , nicht hübsch genug bin, um von irgendjemandem wirklich geliebt zu werden. Manchmal habe ich das Gefühl, alles zu wissen und mich gegenüber der Welt behaupten zu können. Die unterschiedlichsten Dinge können bei mir sehr intensive Gefühle auslösen.

Ich brauche jemanden, der mir zuhört, ohne mich zu kritisieren, denn das hilft mir, mich selbst zu finden. Wenn ich eine Niederlage erleide, wenn ich einen Freund oder ein Spiel verliere, habe ich das Gefühl, die Welt würde zusammenstürzen. Dann brauche ich eine liebende Hand, die mich tröstet. Ich brauche einen Ort, an dem ich weinen kann, ohne daß irgendjemand sich darüber lustig macht. Außerdem brauche ich jemanden, der mit Bestimmtheit „Halt“ zu mir sagt.

Aber haltet mir bitte keine Vorträge und erinnert mich bitte nicht an alle meine vergangenen Fehler. Ich kenne sie bestens und fühle mich ihretwegen ohnehin schuldig. Vor allem ist mir wichtig, daß ihr ehrlich mit mir seid – sowohl, wenn es um mich geht, als auch, wenn es um euch geht. Nur dann kann ich euch vertrauen. Ich möchte, daß ihr wißt, daß ich euch liebe. Bitte seid nicht verletzt, wenn ich auch andere liebe. Das tut meiner Liebe zu euch keinen Abbruch. Bitte liebt auch ihr mich weiterhin.“ [33] (Satir, 1994, S. 411)

Sehr eindrucksvoll finden wir hier das „Erwachen“ der Empfindungsseele beschrieben. Groß sind die Gefahren aufgrund einer zunehmenden Entwurzelung, Verlust der Leitbilder und Idole, dem Gefühl der Sinnlosigkeit zu verfallen und in der Suchtentwicklung zu entgleisen.

Die Zehn Gebote der Kommunikation

1. Das Wohl der Gemeinschaft ist abhängig vom Wohl des Einzelnen. Glücklichsein heißt glücklich machen.

2. Unterschiedliche Standpunkte bewirken unterschiedliche Erkenntnisse.

3. Die Auffassungen eines jeden sind denen des anderen gleichwertig und wichtig. Ein jeder möge sich bemühen, die besprochene Fragestellung auch aus den Augen des anderen zu betrachten.

4. Alle Ansichten, Meinungen und Erkenntnisse können offen und ungeschützt geäußert werden.

5. Alle Äußerungen sind frei und unterliegen weder moralischen noch anderen intellektuellen Beurteilungen.

6. Wenn eine Übereinstimmung nicht erreicht werden kann, können die unvereinbaren Meinungen gleichwertig nebeneinander stehen bleiben. Jeder bemüht sich, den Standpunkt des anderen zu erfassen und Optimierungsvorschläge zu unterbreiten.

7. Die einzelnen Redebeiträge sollen eine vorher gemeinsam festgesetzte Dauer von z.B. 2 Minuten nicht überschreiten, damit jeder zu Wort kommen kann.

8. Gemeinsame Erkenntnisse und Kernaussagen werden gesammelt und in der folgenden Zeit auf ihre Anwendbarkeit geprüft.

9. Über die Erfolge der gemeinsamen Bemühungen wird erneut beraten.

10. Es findet ein Austausch statt. Geben und Nehmen von Informationen und Meinungen haben die volle Wertschätzung und Achtung des Gegenübers, seiner Ansichten und Position zur Grundlage.

Spätestens jetzt ist das Alter erreicht, wo wir bewußt die Kommunikation mit uns selbst üben und zur Erlösung unserer Wunsch- und Begierdennatur verbessern können. Wirklicher Austausch zwischen zwei Menschen ist dann gegeben, wenn die Interaktion eine der Personen auf eine höhere Bewußtseinsebene erhebt, ohne daß das Niveau der anderen dabei sinkt.

Auch der bewußt Suchende, junge Erwachsene, kann sich der Sprache des Herzens öffnen, wenn er dahin geführt wird, zu erfahren, daß die Menschen die einzigen Geschöpfe sind, die durch die Kraft des gesprochenen Wortes die Möglichkeit haben, eines anderen Menschen Bewußtsein bis ins Grenzenlose zu erheben.
Ein ganz bedeutender Schritt bei der Erziehung der Kinder möge also sein, die eigene Sprache genauestens zu beachten und dahin zu erziehen, daß **die Sprache zur Offenbarung der wahrhaftigen, eigenen Empfindungen** und nicht zur Verwirklichung von begrenzten Interessen und Intrigen verwendet wird. Jedes Mal, wenn wir bei unseren Äußerungen nicht bewußt auf unsere eigene Verbindung zu unserem hohen Selbst achten, reagieren wir im weitesten Sinne egoistisch, den Status verteidigend, während wir vergessen, daß die Größe der unendlichen Schöpfung in jedem Aspekt der Schöpfung ist. Mögen wir uns bemühen, uns und unsere Kinder zu diesem Erkennen, zu dieser Bewußtheit zu erziehen.

Es ist das Ziel von Yoga, die Kommunikation mit dem höheren Selbst wieder herzustellen. Sobald das Indiviudum in die Welt geboren ist, verliert es in gewisser Weise zunächst den inneren Kontakt mit der Seele, *atman*. **Das Wesen erwacht** in einer Welt von Begrenzungen. Das ganze Leben wenden wir unser Bewußtsein nach außen. Während wir reifen erfahren wir eine Vielzahl von Informationen und Handlungsanweisungen. Häufig sind die Impulse negativ. Während der Jugend und als jugendliche Erwachsene erfahren wir typische Verletzungen, die tiefe Eindrücke in unserer individuellen Seele hinterlassen.
Beim Bemühen, mit unserer Vergangenheit, Gegenwart und Zukunft umzugehen, erfahren wir körperlichen und seelischen Druck. Wenn es uns durch Yoga gelingt, auf der körperlichen, geistigen, emotionalen Ebene klar und rein zu sein, dann sind wir auch in der Lage, unser höheres Selbst zu erkennen und diese Erkenntnis den ganzen Tag über zu erhalten. [34] (Yogi Bhajan, 1980, S. 26-27)

Mit der Hilfe regelmäßiger Yoga-Praxis schmelzen die Bindungen an alte Eindrücke weg, so daß es den Menschen erlaubt ist, ihr höheres Selbst, ihr *atman* mitsamt den innewohnenden Eigenschaften zu reflektieren. Dadurch erhalten wir die Möglichkeit, die Bedürfnisse unseres Gegenübers zu erfassen und in einer Weise mit ihm zu kommunizieren, daß sie oder er erhoben werden.

Um wirklich effektiv kommunizieren zu können, müssen wir fähig sein zu begreifen, daß unsere Worte die gesamte Schöpfung berühren.

Wie ein Tropfen in einen Teich fällt und kleine Wellen verursacht, so verursachen unsere Worte Klangwellen, die unseren Zuhörer berühren. Bei der Yoga-Praxis berührt das Individuum die Quelle allen Seins, den Geist, der durch alle Menschen und Dinge fließt. Je mehr sich diese Vereinigung während der täglichen Übungen entwickelt, um so eher können wir beobachten, wie die Person in ihrer oder ihrem Bewußtsein in Bezug auf das Einssein wächst und die Verknüpfung mit aller Schöpfung erfährt. Dadurch werden wir mehr und mehr geneigt, die Worte so zu wählen, daß sie einen positiven, inspirierenden und erhebenden Effekt auf die anderen und auf uns haben. Je eher wir lernen die Einflüsse der Vergangenheit ziehen zu lassen und je mehr wir in der Bewußtheit des Einsseins aller Schöpfung wachsen, desto mehr wachsen wir auch in der Liebe. Sobald der Schmerz, der entstand, da wir von unserem höheren Selbst getrennt waren, das Herz verläßt, beginnt es vor göttlicher Liebe überzuquellen. Ohne diese Liebe in unseren Herzen sind unsere Worte nur leere Gefäße. [35] (Yogi Bhajan, 1980, S. 28-30)

Die Reifezeit – Lebensmitte

Nachdem sich **zwischen dem 22. und 28. Lebensjahr** gleichsam die **Empfindungsseele**, das Gefühl spiritueller Bewußtheit entwickeln konnte, wird es **nach dem 28. Lebensjahr** stärker zum **Bedürfnis, die innere Triebnatur zu beherrschen, nach neuen Kraftquellen zu suchen und das Leben mehr und mehr zu planen**. Es ist die Periode, in der **das fünfte Chakra**, das Zentrum von **Wahrheit, Wissen, Verständnis und Selbstausdruck**, unsere **bewußte Kommunikation und Interaktion** besonders geformt werden. **Mit dem Eintreten in das 36. Jahr** kommt es erneut zu einer inneren Wende, indem **die Sinnfrage**, wer bin ich, was will ich, was soll ich hier, zur besonderen Ausformung des Stirn-Chakras beiträgt. **Die Entwicklung der Bewußtseinsseele** öffnet uns die Erkenntnis: Wir wollen unser Leben **nicht nur erleben, sondern auch** in ihm **wirksam werden**. Wir kommen von den „Lehrjahren" zu den „Wanderjahren". Indem wir uns arbeitend in die Gesellschaft unserer Mitmenschen hineinstellen, entwickeln wir uns vom Lehrling zum Gesellen, das heißt, zu einem tätigen Glied unserer Gesellschaft. .. Ein Handeln aus Freiheit und **Verantwortung ist nur durch Selbsterkenntnis möglich, die zur Gewissensbildung führt**. Gewissen ist dabei als innerer Bezug zwischen uns selbst und der menschlichen Gemeinschaft, zwischen dem gemeinsamen Wissen und unserem Handeln zu verstehen. ... **Im Gewissen finden wir das Organ in uns, das uns in rechter Weise mit der umgebenden Gemeinschaft unserer Mitmenschen verbindet. Es läßt uns auch die Folgen unserer Taten vorausahnen**." [36] (Rohen, 1986)

Das Durchschreiten des ersten Mondknotens **im 19. Jahr** brachte **Ablösung und Neuorientierung**. Das Durchschreiten des zweiten Mondknotens **mit 37** Jahren bringt **erneut eine Ablösung von bisherigen Verhältnissen**. Wieder wird das Leben, der Lebensstil, **der Lebenssinn in Frage gestellt.** Wie lebe ich, was habe ich aus meinem Leben gemacht, wozu bin ich da. Genauso wird es sich mit dem Durchschreiten des dritten Mondknotens im 56. Lebensjahr ereignen.

Während wir **im ersten Jahrsiebt ganz in der Wahrnehmung der Welt aufgehen, ganz Freude, ganz Trauer, ganz Glück, ganz Leid sind**, der Nerven- und Sinnesorganismus das Wesen zu beherrschen scheint, spüren wir **im zweiten Jahrsiebt die Dynamik unseres rhythmischen Systems, von Herz und Lungen von Ein- und Ausatmen, Hinausgehen in die Welt und Heimkehren**. Ein reger Austausch ereignet sich auf der Grundlage der Resonanz. **Im dritten Jahrsiebt werden die Arme zur Verlängerung des Herzens und wir beginnen, unsere Umgebung bewußt mitzugestalten.** Mit der Betonung des Stoffwechsel- und Gliedmaßensystems inkarniert das Ich. Je weiter das Ich hervortritt, desto weiter tritt das Bewußtsein des Geistigen zurück, wenn es nicht stets gefördert wird.

Betrachten wir die Lebensmitte, ergibt sich etwa **zwischen dem 22. und 42. Jahr die bewußte Entwicklung der Empfindungs-, Verstandes- und Bewußtseinsseele**. Betrachten wir die Zeit zwischen dem 42. und 63. Jahr erkennen wir die Phase, in der sich der Mensch bereits wieder exkarniert, vom physischen Körper löst, ins Geistige wechselt. Dieser Prozeß allerdings vollzieht sich in der entgegengesetzten Richtung, das heißt, vom Fuß zum Kopf. In der Zeit zwischen dem 42. bis 49. Lebensjahr setzt das Klimakterium ein und führt zum Verlust der biologischen Regenerations- und Fortpflanzungsfähigkeit. Die freiwerdenden Regenerationskräfte führen zu einem Wandel der Gewohnheiten und einem neuen Lebensstil. Vom 49. bis 56. Lebensjahr lösen sich die Kräfte vom rhythmischen System und werden frei zur Entwicklung des moralischen Erkennens. Vom 56. bis 63. Jahr lösen sich die Kräfte nun vom Nerven- und Sinnessystem, so daß die Phase des ersten Jahrsiebts, in der sich diese Organe entfaltet hatten, gespiegelt wird. Es kommt zur inneren Einkehr, Erkenntnis, Weisheit und Güte.

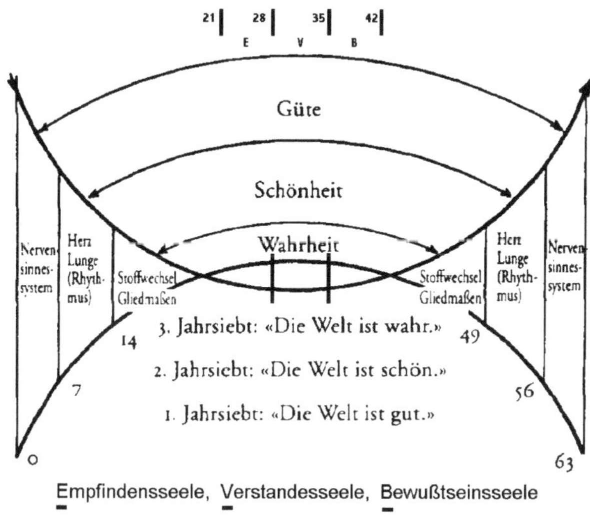

Abbildung 1: Die geistig-leibliche Spiegelung der Lebensphasen

Nach Burkhard, G.; Das Leben in die Hand nehmen, Verlag freies Geistesleben, 5. Aufl., Stuttgart, 1995, S. 163

Das Alter

Leistung zählt, das ist es, was bereits den Schulanfängern vermittelt wird, wenn sie z.B. mit Tigerpfoten oder Froschstempeln für gute Leistungen belohnt werden. Das

ist eine kleine Anerkennung, unschuldig, lieb gemeint, doch sie setzt die unter Druck, die, aus welchem Grund auch immer, mit dem Tempo nicht Schritt halten. Bei den anderen kann es dazu führen, daß die eigentlichen gestalt- und wesensbildenden Kräfte allzu früh auf Striche und Linien, Buchstaben und Zahlen konzentriert werden, und die Schwingungsfähigkeit des Organismus leidet. Radio, Fernsehen, Video und Unterhaltungsindustrie ergänzen sich dabei, die Menschen vom Bewußtsein ihres Wesenskernes abzulenken.
Bald ist die Erkenntnis nur noch auf die drei Gruppen zu jung, zu alt und jetzt darfst du leben eingeengt. Die Rollenbilder werden durch die Medien gefestigt. Allgemeine Wirtschaftslage, Renten und Sozialgesetzgebung, sozialer Wohnungsbau und die Ansichten der Menschen über sich selbst führen häufig zum Verfall der Familienstruktur, zum Verlust von Selbstwert und Gleichwertigkeit, zum Bild, daß einer der Klotz am Bein des anderen sei. Häufig führt dies zur Depression, zu funktionellen Störungen, zu entzündlichen Störungen oder zu Tumorerkrankungen.
Oft erkennen wir einen Verlust der Leidenstoleranz in Verbindung mit dem Muster, daß Störung oder Krankheit das einzige Gesprächsthema bleibt. Oft sehen wir dann den beginnenden Verlust der zeitlichen und örtlichen Orientierung bis hin zum Vollbild der senilen Demenz. Der eine oder andere Mensch sieht die Welt als einen abscheulichen Ort und sehnt den Tod herbei.

Doch haben die Menschen bis zum Erreichen des Seniorenalters so viele Erfahrungen sammeln können, daß einige ein wundervolles Vorbild an Güte und Weisheit sind. **Wenn das Individuum seine innere Verbindung mit dem Ort seiner Herkunft, mit der Unendlichkeit aufgebaut hat, kann es auch andere erheben.**
Oft genug jedoch denken wir vorwiegend daran was wir sagen wollen, statt den anderen Menschen und seine Bedürfnisse zu erfassen. **Wir haben das Zuhören zu lernen!** Wir wurden erzogen, uns auszudrücken, zu überzeugen, zu gewinnen, aber kaum werden wir erzogen, den anderen bewußt wahrzunehmen.
Erst wenn es uns gelingt, eine Situation auch vom Standpunkt des anderen aus zu sehen, sind wir in der Lage, das Selbstverständnis und die Bedürfnisse des Gegenübers zu beachten. Sehr oft im Leben wird Kommunikation ausschließlich dazu verwandt, zu erobern, zu überzeugen, zu benutzen oder zu mißbrauchen und einander auszubeuten. Auf der ätherischen und spirituellen Ebene ist die

Kommunikation der Weg, die Seele des anderen zu erheben. Beide Formen der Kommunikation benötigen genau dieselbe Menge der Energie. Dennoch vermag uns das eine die Würde zu nehmen, während das andere Gott gefällt. [37] (Yogi Bhajan, 1980, S. 47)

Reife und Sexualität

Über die Tatsache, daß **der Junge im Augenblick seiner Geburt hinsichtlich der Schöpfungskompetenz noch unvollständig** ist, da er wohl die Anlage zur Bildung der Spermien mitbringt, aber noch keine Spermien vorhanden sind und in den nächsten Jahren auch nicht vorhanden sein werden und über den Unterschied, daß **zum Zeitpunkt der Geburt die Mädchen bereits alle Eizellen, von denen sie einige im späteren Leben zur Reifung bringen werden, mitbringen**, habe ich weiter oben schon gesprochen. Was folgt aber noch daraus? Es folgt daraus, daß schöpfungs- und anlagemäßig **Mann und Frau nicht nur im Äußeren** zwar zueinander passen, aber dennoch völlig unterschiedliche Strukturen haben, **sondern auch ihr Denken und Empfinden** auch hinsichtlich der Sexualität gänzlich **unterschiedlich** sind.

Immer wieder kommt es vor, daß bei der therapeutischen Arbeit die eine oder andere Patientin ihren ganzen Unmut darüber äußert, daß der Unterschied zwischen Frau und Mann bestehe und es doch eigentlich unzumutbar sei, daß die Frauen Kinder empfangen und gebären und dafür ihr ganzes Leben aufgeben müssen.
In der Tat bedeutet Schwangerschaft und Elternschaft im Übertragenen nicht nur die bevorstehende Geburt eines Kindes, sondern den Tod einer alten und die Geburt zweier neuer Personen – einer kleinen und „einer neuen Mutter“. Mit der Verantwortung für ein neues Leben, beginnt ein neues Leben. Bei genauer Betrachtung ist dies jedoch nichts aufregendes, sondern es geschieht jeden Herzschlag, jeden Atemzug aufs neue.
Nichts aus Vergangenheit hat Macht über die Gegenwart, sofern wir sie ihm nicht einräumen. Wenn wir uns nun darauf besinnen, daß wir den Inhalt einer Aufgabe neu fassen oder die Rahmenbedingungen ändern können, wird aus dieser „schrecklichen Tatsache“, diejenige zu sein, auf der das Empfangen, Tragen und Gebären, die Erziehung und alle Bedrückung lastet, die Chance, diejenige zu sein, die des größten

Wunders dieser Schöpfung teilhaftig ist. Wenn wir schon Leben nicht schöpfen können, so können wir es dennoch weitergeben.

Die allgemein verbreitete Idee, daß mit dem 21. Lebensjahr die Volljährigkeit erreicht sei und der Mensch damit sicher im Leben stünde, muß durchaus relativiert werden. Der Wandel vom Jungen zum Mann findet nicht etwa dann statt, wenn er zum ersten Mal mit einer Frau verkehrt hat, sondern, wenn die Seelenreife erreicht wird. **Seelenreife ist das Bewußtsein, nicht länger von äußerer Anerkennung abhängig zu sein, ist das Bewußtsein zu wissen, was zu tun ist und es zu tun.**

Wenn wir spielende Kinder beobachten, werden wir oft bei den Jungen sehen, daß sie danach suchen, an die Hand genommen zu werden, damit ihnen jemand zeigt, wo es lang geht, oder, die Unsicherheit, hinsichtlich der Schöpfungskompetenz noch nicht vollständig zu sein, wird dann eventuell in der Flucht nach vorne, in besonderer Lebhaftigkeit und im Rauditum überspielt. Dazu kommt, daß, wie bereits erwähnt, die Harmonie der Gehirnhälften bei der Problemlösung eine andere ist, als bei den Mädchen. Das hält sich bis zum Erwachsenenalter, wenn es nicht gelingt, die Jungen gleichsam zur Belebung, zur Aktivierung auch der Potenzen ihrer rechten Hirnhälfte, zur Belebung von musischem, komplexem Denken und Empfinden zu erziehen.
Das ganz alte Bild, nach dem der Mann die Verantwortung für Haushalt und Familie trägt, die Hasen fängt, das Revier absteckt, lineares Denken, wie es seine Resonanz in der linken Hirnhälfte hat, gilt fast noch ungebrochen. So finden wir dann, daß in vielen Fällen die Männer, ohne zu wissen warum, wohl Emotionen benutzen, um damit zu manipulieren, zu bekommen, was sie wollen, dabei jedoch im Grunde genommen nur große Jungen sind, die nach einer Möglichkeit suchen, die Verantwortung abzugeben. Auch hierin spiegelt sich die Misere der Wissenschaften und der Gesellschaft, deren gegenwärtige Geschichte zumeist von Männern geschrieben ist.

Das männliche Denken ist operational und läuft grob gesprochen nach folgender Syntax, nach folgendem Muster ab: **Was ist das Problem? Was kann ich tun?** So entscheide ich und handle,jetzt.
Das zirkulative, weibliche Denken, das die komplexen Möglichkeiten von Assoziation und Verknüpfung der rechten Hemisphäre stets mit verwendet, verläuft

nach einem anderen Muster: **Hier ist eine Idee und da eine andere. Was kann daraus werden?**

Wir müssen uns vergegenwärtigen, daß die Spermiogenese gleichsam ein linearer Vorgang ist, bei dem, hormonell gesteuert, ein Spermium nach dem anderen zur Reifung gelangt. Genauso ist auch das Denken und Empfinden linear. Yogi Bhajan gibt den Hinweis, daß das **Spermium die Urnatur des Mannes** sei. Es **bewege sich im Zickzack, in lauter kleinen Fragmenten einer Linie**. Genauso ist das männliche Problemlöseverhalten, es sei denn, es werden nicht lineare Prozesse hinzugezogen.
Für die Eireifung sind drei Hormone verantwortlich, deren Ansteigen und Abfallen in Naturgesellschaften zusammen mit dem Mondrhythmus vonstatten geht. Nur zu einem ganz bestimmten Zeitpunkt, überlagern sich die drei so, daß die Eireifung abgeschlossen ist und es zum Eisprung kommt. Drei nicht lineare Vorgänge, für einen Prozeß, täglich, ein ganzes Leben lang. Auch wenn nach der Menopause kein Eisprung mehr stattfindet, bleibt doch die Offenheit für diese Rhythmenveranlagung des weiblichen, so daß das Denken weiterhin davon geprägt ist. Da wundert es nicht, wenn viele „große Jungen“ die weibliche „Unlogik“ zum Ziel ihres unreifen Spottes machen.
Das Mißverständnis besteht darin, daß im weiblichen Bewußtsein Ideen und Vorschläge komplex miteinander verwoben sind.
Solange aber der Mann seine rechtshirnigen Kapazitäten nicht entwickelt hat, sieht er sich meist oder oft von Forderungen und Problemen umgeben.

Die erlösende Erkenntnis kann für jeden so aussehen:

> **Ich werde geliebt, weil ich bin, und nicht weil ich dies oder das tue. Ich liebe, weil es meine Natur ist, zu lieben, und nicht weil ich dies oder das erreichen will.**

Gehen wir zurück zu den Herren Giordano Bruno, Kopernikus, Kepler, Galilei und zu Papst Johannes Paul II., der in seiner Ansprache vom 31. Oktober 1992 die Erkenntnisse Galileo Galileis, fast dreieinhalb Jahrhunderte nach dessen Tod würdigte. Der Prozeß gegen diesen zeichnet sehr scharf das Verhältnis von Religion und Wissenschaft unserer Zeit. Zeitgemäßes Denken ist männlich linear dominiert. Was nicht ins System paßt, wird ausgeschieden, ohne notwendigerweise über eventuell Nutzen nachzudenken. Wer glaubt, daß dem heute nicht mehr so sei, irrt. In Verwaltungsgremien und Wissenschaft entscheiden vorwiegend Männer – oder sollte ich besser sagen „große Jungs“? Ziel scheint es allzu oft zu sein, die Strukturen zu festigen, Macht zu erhalten und auszubauen. Doch das Leben ist erheblich komplexer. Jedes Mal, wenn in Beziehungen zu anderen vermeintlich kleine Details außer acht gelassen werden, wird der Samen für die möglicherweise weitreichendsten Folgen gelegt.

Lassen wir uns auf die Parabel ein, daß das schöngeistige Denken, Empfinden, Wollen und Handeln vorwiegend in der rechten Hirnhälfte seine Parallelen hat, so wundert es nicht, wenn wir das gegenseitige Geschehen in Wissenschaft und Gesellschaft als geistlos erkennen, ist es doch vorwiegend „linkshirnisch“ bestimmt.

Daraus folgt zwanglos: **Wenn die Natur des Mannes ist, abzugeben, zu verströmen, sonnengleich und hell zu strahlen, und die Natur der Frau ist, aufzunehmen, zu reflektieren, zu gebären, so benötigen sie einander, um sich ganz entfalten zu können.** Da das weibliche Prinzip jedoch vorsieht, alles aus der Umwelt aufzunehmen und zu gebären, sind es vor allem Männer, die eine Beziehung benötigen, um sich entwickeln zu können. **Überspitzt formuliert heißt daß, daß in vielen Fällen die Frau einen großen Jungen heiratet, dessen Möglichkeiten sie erkennt und so fördert, daß er die Fülle seines Potentials entwickelt.** Es ist gleichsam, **als ob der Mond die Scheibe der Sonne poliere, auf daß sie um so heller strahle, damit beide in wunderbarem Leuchten erglühen**.

Für viele Männer ist es unbewußt eines der großen Probleme, daß auch sie von einer Frau geboren sind. Statt diejenigen zu erheben, deren Privileg es ist, zu empfangen und zu gebären, verharren sie oft in alten Mustern von Mißbrauch und Gewalt.

In der Beziehung gilt wie in allem Leben, daß wir mehr herausbekommen als wir investieren, im Guten wie im Argen. Dabei können wir sowohl an den Akt der Zeugung und die schließliche Geburt als auch an Grobheiten und Gewalt denken.

Wenn eine Frau permanent geschlagen, mißachtet, nicht zur Erkenntnis ihrer Kapazität erzogen wird, wie soll sie da Selbstwertgefühl entwickeln und ihre Ziele verwirklichen können?

Aus der Parabel, daß auch die männliche Nabelschnur zum Leib der Mutter führte, folgt am Ende, daß der Einfluß des Weiblichen auf den Mann lebensbestimmend ist. Sie lenkt die Beziehung. Sie kann ihn zerstören oder erheben. Sie hat die Chance über Distanz oder Verkehr, über Schwangerschaft oder nicht zu entscheiden, denn durch die Schöpfungsenergie kann sie ein Kind tragen, kann sie Blut in Milch verwandeln und ein Kind nähren. Das Kind bekommt Schutz von seiner Mutter und bildet acht von seinen zehn Körpern aus ihr. Das ist die Schöpfungskraft. Der Mann strahlt, ist die Projektion der Familie im Äußeren, ist Schutz und Kraft im Äußeren, sie ist das Bewußtsein, das diese Kraft lenkt.

Nach Tausenden von Jahren der Menschheitsgeschichte ergibt sich nun die Situation, daß die Rollen sich ändern können. Der Mann kann sein kreatives, weibliches Potential entwickeln und die Frau kann mehr Linearität in der Verwirklichung ihrer Ziele einsetzen. Wir kommen auf die Ebene, wo WIR miteinander **kommunizieren**, wo nicht länger Männchen und Weibchen, Plus und Minus miteinander reagieren.

Nehmen wir noch einmal das alte Bild, so ergibt sich, daß eines der weiblichen Grundbedürfnisse das nach Sicherheit ist. Während sie das Nest baut und den Herd hütet, schützt er das Revier. Demgegenüber steht das tief angelegte, männliche Bedürfnis nach Unterstützung, so wie einst in Mamas Bauch durch die Nabelschnur, dann an Mamas Brust, bis ins Leben.

Auf der Ebene unseres heutigen Erkennens jedoch können wir begreifen, daß Sicherheit und Unterstützung jeweils in uns selbst liegen. Dennoch können wir daraus lernen, daß ein Mann, dem an seiner Beziehung zu seiner Partnerin gelegen ist, sich bemühen sollte, eine gewisse Sicherheit in den äußeren Verhältnissen zu schaffen. Kehrt er abends heim und ist abgekämpft oder ist irgendetwas schief gegangen, bedarf es oft kaum viel mehr, als daß seine Partnerin sich ihm zuwendet und ihm versichert: es wird schon alles gut gehen. Es sind Kleinigkeiten, kleine Gesten im Äußeren, die aber in Tiefen des Bewußtseins Reaktionen auslösen. Sie schaffen den Zugang zur Kraft, zu der Kraft, die sprichwörtlich schließlich wirklich nahezu alles, ja vermutlich alles überwindet – **eine Seele in zwei Körpern; das Ganze ist mehr als die Summe seiner Teile.** Man denke dabei auch an die Generationen von Nachfahren, die aus dieser Summe hervorgehen können.

Es sind also die Manieren, der Dienst am Gegenüber und das Lächeln der Schlüssel zum Herzen seines Gegenübers und aller Mitmenschen. **Unzufriedenheit entsteht durch Mißverständnisse infolge von unausgesprochenen Erwartungen**. Sehr ausführlich hat das Lukas Moeller in seinem Buch „Die Wahrheit beginnt zu zweit. Das Paar im Gespräch“ diskutiert. Nach meinem Verständnis ist **jede Beziehung eine Paarbeziehung**. Das beginnt in mir selbst im Sinne der intrapersonalen Kommunikation, **wie ich mit meiner Identifikation, meinem Selbstbild, meinen Glaubensvorstellungen und Werten umgehe und setzt sich zwischen mir und meiner Umwelt, mit Vater, Mutter, Sohn, Tochter, Partnerin, Freunden, Mitarbeitern und allen Mitmenschen fort**.
Wieder ist entscheidend, daß ich weiß was ich will und in der Lage bin es so auszudrücken, daß mein Gegenüber es versteht. Dazu aber muß ich bereit sein, meinem Gegenüber zuzuhören, die Dualität zwischen Ich und Dies, zwischen Subjekt und Objekt immer weiter und idealerweise im Einsseins aufzulösen. Weil dies aber so anspruchsvoll klingt hier zunächst ein paar einfache Hinweise.

Bedürfniskatalog und territoriale Rechte

Da wir oft nicht einmal in der Lage sind, genau anzugeben, was wir eigentlich wollen, wie sollten wir es da erreichen. **Am einfachsten ist es, wenn wir uns einen DIN A4-Bogen irgendwo hinlegen und in dem Augenblick, in dem wir etwas wirklich zu wollen vermeinen, das kurz notieren**. Dabei sollten wir so **differenziert und sorgfältig** sein, wie es nur geht. Wenn dort das Wort Unterhaltung steht, so verbirgt sich für den einen vielleicht ein Nachmittag am Fußballfeld dahinter, während Sie einen schönen Spaziergang mit anschließendem Theaterbesuch im Sinne hatten. Wenn dort Sex steht, kann das z.B. Streicheln, Kuscheln und vielleicht Verkehr meinen, während es für den anderen nur ein kurzer Akt der Spannungsabfuhr sein kann. Seien Sie also differenziert im Ausdruck Ihrer Bedürfnisse. Haben Sie nach einiger Zeit hoffentlich die wichtigsten beisammen, so beginnen Sie dieselben hierarchisch untereinander zu ordnen. Wenn für Sie die zugeschraubte Zahnpastatube wichtiger ist als der gelegentliche Blumenstrauß, so gehört sie nach oben und der Blumenstrauß nach unten. Wenn für Sie ausreichende finanzielle Sicherheit weniger wichtig ist als die fröhliche Begrüßung nach der Heimkehr mit einem Kuß, vielleicht auf die Schulter, so gehört letzteres darüber.

Beide, Mann und Frau sollen so eine Liste anfertigen. **Sie werden sehen, daß das Wohlbefinden in einer Beziehung zu fast 80 % auf der Befriedigung von ganz kleinen Wünschen, die man vorwiegend mit gutem Willen erledigen kann, besteht**. Diese kleinen Wünsche zu erfüllen, bedeutet **sich gegenseitig** zu **achten und sich das Gefühl** zu **geben, das wichtigste im Leben zu sein**. Das Echo wird dem entsprechen.

Territorium meint, daß bei allen Wünschen und Bedürfnissen ein jeder sich auf seinem eigenen Gebiet zu halten habe, das heißt, daß **jedes Anspruchsdenken der andere müßte, solle, könnte oder dürfte, letztlich nicht zulässig** ist. Wohl können wir eine Vereinbarung treffen, auf deren Grundlage müßte, sollte, könnte, dürfte wirksam wird, jedoch sind all diese Vereinbarungen störbar. Wenn es schon bei Montesquieu heißt: Freiheit ist Gehorsam gegen das Gesetz, so will ich das dahingehend ändern, daß ich sage: Freiheit ist Gehorsam gegenüber der so empfundenen inneren Notwendigkeit, Gehorsam gegenüber dem höheren Selbst, der Weltenseele, gegenüber Gott – auch in der Beziehung. Denn **die Ursache der Schöpfung begegnet uns in jedem Menschen, auch in unserem Partner oder unserer Partnerin**.

So wenig wir von außen manipuliert sein wollen, so wenig will es unser Gegenüber. So wenig wir verplant sein wollen, so wenig will es unser Partner oder unsere Partnerin. Ergeben sich Gemeinsamkeiten, so ist die Freiheit von Erwartungen an den anderen und Ausgewogenheit eine notwendige Grundlage des Austauschs. [38] (Moeller, 1986)

Sexualität und Verkehr

Wenn wir nun wissen was wir wollen und den Anderen achten, stets in der Erkenntnis, daß ein gesprochenes Wort gleich ist dem geschossenen Pfeil, den keiner mehr zurückholen kann, schärfer als ein Messer und vielleicht

verheerender als ein Krieg, wenn wir territoriale Verletzungen, Übergriffe auf den Partner vermeiden und aufhören, ihm Vorwürfe für unser Versagen zu machen, wenn wir eingedenk sind unserer göttlichen Natur, dann sind wir ideal bereitet, miteinander zu kommunizieren, zu verkehren. Intercourse meint sowohl den gesellschaftlichen als auch den Geschlechtsverkehr. Das eine kann zum anderen führen.

Wenn zwei Menschen sich gerade kennenlernen, geraten sie in Resonanz. Der Begriff, sich auf den anderen einstellen, oder einschwingen bezeichnet genau dieses. Die meisten kennen das Experiment aus dem Biologie-Unterricht, bei dem wir gegen den Objektträger klopfen, auf dem ein Einzeller gleichsam wohlig seine Pseudopodien, seine Füßchen in die Umgebung gestreckt hat, bereit aufzunehmen und zu erkunden, der dann sogleich wie erschreckend, sich abkugelt, alle Satellilten seines Wesens zurückzieht. Genauso, wie die Schnecke zunächst ihre Fühler und eventuell sogar sich selbst bei unerwarteter Berührung ganz in ihr Haus zurückzieht oder der Igel sich hinter seinen schützenden Stacheln verbirgt. **Ist das Gefühl angenehm, dehnen wir uns aus, auch unsere feinstofflichen Körper. Vor Freude strahlen, bzw. der Glanz der Liebe, der einen Menschen umgibt**, sind Redewendungen, die das beschreiben.

Der Austausch der Energien zwischen zwei Menschen bewirkt eine chemische, stoffwechselmäßige Veränderung, die mit dem Gefühl des Verliebtseins einhergehen kann. Liebe macht blind – wer kennt das nicht aus eigener Erfahrung oder Anschauung. Das ineinander Eintauchen der feinstofflichen Körper mit ihrer chemischen Begleiterscheinung führt zur Reaktion im Organismus. Diese zieht wieder Reaktion und Reaktion nach sich, bis die Phase der Verliebtheit langsam abklingt, weil sich die Wesen, wahrscheinlich unterschiedlich schnell, an die neue Situation angepaßt haben. Nun kann sich Liebe erweisen. Die Resonanz kann auch erhöht werden durch gemeinsame Unternehmungen. Auch Essen ist ein Weg die Resonanz zu erhöhen, zunächst mit dem Gegenstand den ich esse und mit dem der ihn zubereitet hat. **Liebe geht durch den Magen.**

Die wahrhaftige Erfüllung der Beziehung besteht darin, daß die Partner sich gegenseitig inspirieren und helfen, ihre Entwicklung wunderbarerweise bis zum Verschmelzen in Unendlichkeit voranzubringen.

In unserer Leistungsgesellschaft sind auch Sexualität und Verkehr Mustern unterworfen.
Während es dem weiblichen Schöpfungsprinzip entspricht, die Gesamtheit wahrzunehmen, mit dem Ganzen zu reagieren, mit allmählichem Anwachsen der Spannung erst die Seele, dann den Trieb zu befriedigen, Erfüllung finden zu können auch ohne einen Orgasmus, entspricht es dem männlichen Prinzip, einzudringen, sich zu entleeren, seine seelischen Bedürfnisse im Ausleben der Sexualität zu befriedigen. Sie, Mond, will befriedigt werden, er, Sonne, will sich ausschütten, idealerweise sie befriedigen. Kann er seinen oder ihren Erwartungen nicht genügen, steigert es zwar seine Gemütserregung, nicht jedoch seine Fähigkeit zum Verkehr. Wie ein gebranntes Kind, das das Feuer scheut, kommt es mit steigender Spannung zu Versagensangst vor dem inneren Leistungsdruck. Spätestens damit bricht die Kommunikation zusammen. Die Partner ziehen sich voneinander zurück, und das an der Oberfläche vorgespiegelte Desinteresse treibt den einen vom anderen weg in noch unbelastete Beziehungen.

J. Gray hat eineiges dazu in seinem Buch Mars, Venus, Eros zusammengetragen. [30](Gray, 1996)

Sandwich-Sex

Die Idee, daß die sexuelle Vereinigung etwas Heiliges ist, wird heutzutage von den Medien weitgehend außer acht gelassen. Umgekehrt werden schon die Jugendlichen auf die Muster der Leistungsgesellschaft konditioniert. Je nach Darstellung wird Sex zu einer Droge wie Alkohol, Zigaretten und Kaffee.
So wie viele zum Supermarkt gehen oder sich schnell einen Sandwich „reinziehen“ ohne wirklich satt zu werden, so schnell werden Beziehungen geknüpft und Sexualität konsumiert – Sandwich-Sex.

Yogi Bhajan hat darauf hingewiesen, daß **der Geist, der Verstand das größte Sexualorgan des ganzen Körpers** sei. Wie ist das zu verstehen? Genau wie das Essen ein mehrstufiger Vorgang ist, bei dem Vorfreude, Sehen, Riechen, Schmecken, Kauen und Verdauen eine sinnvolle Folge bilden, die ein Optimum an

Resonanz, an Energieübertragung, an Ausnutzung gewährt, genauso ist die **Einstimmung auf das Liebesspiel ein wichtiger Punkt** vor dem Akt.

Nach den yogischen Lehren bedarf es etwa 2 bis 3 Tage der Einstimmung, bevor Geist und Gefühl auf das Geschehen eingestimmt sind, bevor das komplexe weibliche Denken alle anderen Themen beiseite lassen kann und empfänglich ist für die Liebe, die ihr gegeben wird. Ganz selbstverständlich war es früher, sich kennenzulernen, um sich dann während mehrer Verabredungen langsam näher zu kommen, bevor die Ebene sexueller Beziehung erreicht war.

Während der weibliche Organismus auch beim Verkehr selbst eine lange Anlaufphase hat, bevor es zur vollen Erregung und dem Höhepunkt kommt, das heißt relativ lange bei ca. 1/3 des Erregtseins verharrt, ist es für den Mann sehr notwendig, die verschiedenen Ebenen seiner Person und seines Nervensystems auszubalancieren, damit es nicht zu vorzeitigem Samenerguß, zu Impotenz oder oder anderen Störungen des Erlebens kommt.

Leichtes Essen, Baden und Musikgenuß sind seit alters her bekannt, die Atmosphäre für traute Zweisamkeit zu schaffen. Von der Veranlagung her sieht das zielbewußte, operationale Denken des Mannes nur die Spannungsabfuhr, während das zirkulative Denken der Frau noch auf fünf anderen Ebenen mit dem Wie, was kann daraus werden und vielleicht z.B. mit dem Abwaschen oder dem Einkauf beschäftigt ist. Keiner von beiden sollte Energien für die Verdauung aufbringen müssen, so daß die letzte Mahlzeit sinnvollerweise etwa 2 1/2 Stunden zurückliegen sollte.

Beim Verkehr kommt es zur Überlagerung der feinstofflichen Körper, zur Wechselwirkung, zum Energieaustausch zwischen Mann und Frau. Auch der Samenerguß ist mit einer Energieabgabe verbunden. In dem Buch „The ancient art of self-healing“ wird Yogi Bhajan folgendermaßen zitiert: „Wenn Du 80 Bissen von Speise verdaut hast, ergibt das einen Tropfen Blut. 80 Tropfen reinen Blutes ergeben einen Tropfen Samenflüssigkeit. Bei einer sexuellen Beziehung sollte niemand das aus den Augen verlieren. .. Ojas ist die Flüssigkeit, in der das Gehirn lebt. Im Englischen wird dieses Serum zerebrospinale Flüssigkeit genannt. In den alten Schriften wird sie als Ojas bezeichnet, ebenso wie das Ejakulat. .. Wenn Du körperlich verkehrst, das Liebesspiel ist perfekt göttlich, verschmilzt die Frau vollständig in Dir. Sie unterstützt Dich total und sie spielt das Spiel. Während des Samenergusses geschehen eigentlich zwei Ergüsse. Einer wird im unteren Anteil

Deiner Geschlechtsorgane stattfinden und ein anderer in Deinem Kopf. Wenn Dir das jemals passiert, wirst Du es daran begreifen, daß Du im selben Moment allen Geschehens im Universum ganz und gar bewußt bist, ohne daß Du Dich körperlich bewegst. Das kann nur passieren, wenn die Frau ganz und gar mit Dir verbunden ist, 100 % unterstützt, 100 % schützt, 100 % kooperiert und zu 100 % Deine Ergänzung ist. Du ergänzt Dich mit Deiner Ergänzung und das Treffen ist sehr, sehr, sehr, sehr meditativ.“ [40] (Khalsa, 1982, S. 4-5)

Zur Häufigkeit, ob es gesund sei, oft oder selten miteinander zu verkehren, gibt es verschiedene Angaben. Am ehesten mag die Beschreibung des gesunden Samens gelten, der von einer Konsistenz ähnlich wie Yoghurt und von einer bräunlichen Farbe gute Gesundheit anzeige. **Wie die Frau beim Verkehr vom Manne die Energie des Samens erhält, erhält er Kraft aus der Aura der Frau.**
Damit diese Energieübertragung wirklich stattfinden kann, muß ihre Aura entsprechend groß sein. Dieselbe ist umso größer, desto entspannter sie ist. Ist sie gar nicht entspannt oder gar negativ, kann das einen Mann mehrere Tage schwächen. **Die Überlagerung der feinstofflichen Körper hinterläßt einen Abdruck jeweils von dem Anderen**, bei beiden. **Beim Mann bleibt dieser jedoch nur für einen Mondzyklus erhalten** und verstärkt so die energetische Beziehung zwischen Mann und Frau, damit sie eines Tages, sollte auch der Vater nicht mehr zugegen sein, dem Kind von dessen Energie mitteilen kann. Je mehr Abdrücke in der Aura vorhanden sind, desto schwieriger ist es, die eigene Identität zu bewahren.

Meine schwierigsten Gefühle

Sobald wir uns verletzt fühlen oder insuffizient, wenn wir enttäuscht oder wütend sind, bricht die Basis des Austausches, die Offenheit zusammen. Damit ist die Grundlage des Vertrauens zerstört und der gegenseitige Respekt sowie die Erkenntnis, daß uns im Gegenüber ein gleichwertiges Schöpfungswunder begegnet, geht verloren.
Alle Meditationen, die mit dem Stirn-Chakra zu tun haben, stärken den Lichtbogen, die **arc line**, den feinstofflichen Körper, der direkt mit den drei mentalen Körpern positiv, negativ und neutral, verbunden ist und Intuition und Projektion, die

Verbindung mit dem Gegenüber und mit dem Kosmos sichert. Eine andere Meditation, die den Lichtbogen stärkt, ist die Bogenschützenposition.

Was sollen wir aber tun, wenn die Verbindung zum Gegenüber so gestört ist, daß unser Bemühen um Ausgleich scheinbar gar nicht mehr erkannt wird? In seinem Buch „Männer sind anders. Frauen auch" hat John Gray hierzu „die Liebesbrief-Technik" vorgeschlagen. Er empfiehlt, seine schwierigsten Gefühle sich von der Seele zu schreiben, um sich und sein Gegenüber, all die Projektionen und Gefühle klarer zu erkennen und die Negativität abzubauen:

„Die Liebesbrief-Technik besteht aus drei Teilen:

- Schreiben Sie einen Liebesbrief. Drücken Sie Ihren Ärger, Ihre Trauer, Ihre Angst, Ihren Kummer *und* Ihre Liebe aus.
- Schreiben Sie einen Antwortbrief, indem Sie die Rolle Ihres Partners einnehmen und schreiben Sie, was Sie von Ihrem Partner gerne hören würden.
- Zeigen Sie Ihren Liebesbrief und die Antwort darauf Ihrem Partner.... Adressieren Sie den Brief an Ihren Partner. Tun Sie so als würde er Ihnen voller Liebe und Verständnis zuhören.
- Beginnen Sie mit Ihrem Ärger, Ihrer Wut. Schreiben Sie dann über Ihre Trauer, Ihre Angst, Ihre Reue und schließlich über Ihre Liebe. Schreiben Sie in jedem Brief *über alle diese Gefühle.*
- Schreiben Sie ein paar Sätze über jedes Gefühl. Machen Sie die Abschnitte zu jedem Gefühl ungefähr gleich lang. Schreiben Sie in einer einfachen Sprache.
- Machen Sie nach jedem Abschnitt eine Pause und konzentrieren Sie sich auf das nächste Gefühl. Schreiben Sie über das, was Sie dabei fühlen.
- *Schließen Sie den Brief nicht ab, bevor Sie nicht auch über Ihre Liebe geschrieben haben.* Seien Sie geduldig und warten Sie, bis sie kommt.
- Unterzeichnen Sie den Brief mit Ihrem Namen. Nehmen Sie sich einen Augenblick Zeit, um darüber nachzudenken, was Sie von Ihrem Partner eigentlich wollen oder brauchen. Fassen Sie das in einem Postskriptum zusammen." (Gray, 1993) [41] Gray, J.; Männer sind anders. Frauen auch, Goldmann-Verlag, München, 1993, S. 229-233]

Da wir häufig verlernt haben unsere Gefühle sprachlich auszudrücken, erscheinen mir auch die Vorschläge von J. Gray hilfreich:

„**Ein Liebesbrief**

Datum

Liebe(r)
Ich schreibe Dir diesen Brief, um meine Gefühle mit Dir zu teilen.

Ärger: (Ich finde es nicht gut, daß ... Ich bin frustriert, weil ... Ich bin wütend, weil ... Ich bin verärgert, weil ... Ich will ...)

Trauer: (Ich bin enttäuscht, weil ... Ich bin traurig, weil ... Ich fühle mich verletzt, weil ... Ich wollte ... Ich will ...)

Angst: (Ich mache mir Sorgen, weil ... Ich habe Angst, daß ... Ich fürchte, daß ... Ich will nicht, daß ... Ich brauche ... Ich will ...)

Reue: (Es ist mir peinlich, daß ... Es tut mir leid, daß ... Ich schäme mich, weil ... Ich wollte nicht ... Ich will ...)

Liebe: (Ich liebe ... Ich möchte ... Es tut mir leid, daß ... Ich verzeihe ... Ich freue mich, daß ... Vielen Dank ... Ich weiß ...)

Postskriptum: Die Antwort, die ich gerne von Dir hören würde: ... „

(Gray, 1993, S. 233)

Ob Yoga, die Bibel, Silva-Mind oder NLP, die Inhalte sind stets verwandt: **Erkenne Dich selbst, wer und wo Du bist, werde Dir klar wohin Du willst – dann ergeben sich Richtung und Weg von allein**. Sobald wir unsere Bedürfnisse selbst begreifen und je klarer wir sie übermitteln, umso leichter wird es unserem Gegenüber fallen, sich auf die Resonanz einzustellen. Austausch kommt wieder in Gang, Vertrauen wächst, Glück mehrt sich.

Mond und Gemüt – die Mondpunkte

Wie wir gesehen haben, gibt es einen engen Zusammenhang zwischen den Mondphasen und dem hormonellen Zustand der Frau. Bei Naturgesellschaften verläuft der **Menstruationszyklus häufig mit der Mondphase synchron, Eisprung bei Vollmond, Menstruation bei Neumond**. Auch die Gemütszustände wandeln

sich oft mehr oder weniger offensichtlich. Viele Menschen kennen die Niedergeschlagenheit und Reizbarkeit vor dem Einsetzen der Regelblutung als prämenstruelles Syndrom.
Nach den yogischen Schriften wechselt der Einfluß der Mondenergie 11 Mal den Bezug zum Körper der Frau. Man sagt der weibliche Organismus hat 11 Mondpunkte. **Alle 2 1/2 Tage wechselt der funktionelle Bezug und bewirkt eine etwas differente Gemütsverfassung**. Die Reihenfolge bleibt, es sei denn sie wird durch ein außerordentliches Ereignis aus dem Rhythmus gebracht, für eine Frau das ganze Leben lang gleich. **So ist es für eine Frau hilfreich, ihren speziellen Mondzyklus zu kennen, um sich selbst und ihre Reaktionen besser zu verstehen**. Auch für den Mann wird der Umgang mit seiner Partnerin erleichtert, wenn er diese grundlegenden Muster bemerkt und in sein Verhalten mit einbezieht.

Vom Kopf zu den Füßen fortschreitend ergibt sich folgendes: Wenn die Resonanz der **Mondenergie am Haaransatz** ist, stärkt es das **Bewußtsein, Intuition und Klarheit**. Im Bereich der **Augenbrauen** äußert es sich durch **Ideenreichtum, Phantasie und Tagträumen**. Ist die Resonanz der Energie im Bereich der **Wangen** bemerken wir das an einer leichten Röte derselben. Begleitet wird dies von allgemein verstärkter **Reizbarkeit**, bis hin zu heftigsten Szenen. Wenn die Resonanz der Energie im Bereich der **Ohrläppchen** ist, kommt es zu langen **philosophischen Gesprächen** über das Sein. Wechselt die Zone der Resonanz an den **Nacken**, ist die Frau sehr **romantisch**. Wird der **Mund** zur Resonanzzone, befördert das den **Redefluß**. Wechselt die Zone der Resonanz zum **Nabel**, kommt es zu **Unsicherheit und Unentschlossenheit, Zagen und Zweifeln**. Ist die Zone der Resonanz im Bereich der **Oberschenkel** gelegen, verstärkt es die **Sprungbereitschaft, das Gefühl, die Realität zu erkennen**. Im Bereich der **Brust** fördert die Resonanz die Fähigkeit zum **Mitgefühl**. Ist die Resonanzzone im Bereich des **Kitzlers und der Scheide** ist das **Verlangen zu sozialem Austausch** sehr gesteigert.

An diesem Punkt sei noch einmal unterstrichen, daß die Reihenfolge der mondbezogenen Zonen individuell ganz unterschiedlich, aber dann stabil ist.

Der Mondpunkt des Mannes ist an der Kinnspitze. In einzelnen Traditionen, auch bei den indischen Sikhs, ist es Sitte, den Bart und die Haare lang wachsen zu lassen. **Langes Haar gilt als Organ, daß die Sonnenenergie aufnehmen und in den Körper leiten kann.** Wenn also der Bart wachsen kann, wird durch die gesammelte Sonnenenergie der Einfluß des Mondes geschwächt, so daß die Projektion eindeutiger wird.

Hasen-Sex

Wenn einer der beiden Partner sich nicht auf die sexuelle Begegnung einlassen kann, sollte er es klar und eindeutig sagen und beide auf eine andere Ebene des Miteinanders ausweichen. Ist weder die Einstimmungsphase bewußt erlebt, noch die Aufmerksamkeit beim Partner oder nur auf den Verkehr selbst fixiert, wird alles eine schnelle Angelegenheit sein, wie bei den Hasen, die sich schnell vermehren, nur mit dem Unterschied, daß den Menschen die Möglichkeiten der Empfängnisverhütung offenstehen.

Da gibt es noch einen weiteren Unterschied. Wir können uns auf unseren Partner einstellen, anstatt uns vom Trieb überrennen zu lassen.

Wenn es früher üblich war, die Partnerin erst tage- oder wochen- und monatelang zu umwerben, dann vielleicht mit ihr Essen zu gehen und vielleicht einen fast flüchtigen Kuß auszutauschen, und erst viel, viel später körperlich mit ihr zu verkehren, sind wir jetzt im Fastfood-Zeitalter: Einen Big Mac auf die Theke und hineingestopft das Ding, vielleicht ohne viel davon zu merken und deswegen gleich den zweiten ordernd, dem es nicht besser ergeht als dem ersten. Ähnlich wie dem Sandwich, geht es beim Sandwich-Sex.

Wenn wir uns nun von den Hasen mehr unterscheiden wollen, können wir unsere Fähigkeit nutzen, die Resonanz mit dem Partner zu erhöhen. Über die vielleicht mehrtägige oder zu Beginn der Beziehung gar mehrwöchige Einstimmungsphase wurde schon gesprochen. Ein weitere Unterschied liegt in der Möglichkeit von Vor- und Nachspiel.

Zum Vorspiel Massage

Die meisten der Mondpunkte, die wir als Resonanzzonen emotionaler Vorgänge kennengelernt haben, haben auch bei dem sexuellen Erleben eine große Bedeutung, indem ihre Stimulation die Entspannung und damit die Ausweitung der weiblichen Aura mächtig fördert. Jede Form des Streichelns oder der Massage die der Partnerin angenehm ist, kann dabei zur Anwendung kommen. Es gibt nichts unnatürliches, es sei denn, einer der beiden Partner empfindet es so. Wieder müssen beide Partner miteinander sprechen, mitteilen, ausprobieren, üben, was sie brauchen. Die Reihenfolge der Stimulation der weiblichen Körperzonen sei folgende:

1. Die Brüste von außen nach innen
2. Den Nacken aufwärts
3. Die Lippen
4. Die Wangen
5. Die Ohren
6. Die Wirbelsäule
7. Die Oberschenkel
8. Die Waden
9. Den Kitzler
10. Die Scheide

[42] (Khalsa, 1994, S. 31) Khalsa Tarn Tarankaur, Yoga für werdende Eltern, Hugendubel-Verlag, 1994, S. 31

Yogi Bhajan hat besonders darauf hingewiesen, **daß diese Reihenfolge nicht als Einbahnstraße zu verstehen** ist, sondern daß immer wieder zu bereits massierten Punkten zurückgekehrt werden kann und ggf. sollte. Wenn die Beziehung wunderbar und ausgeglichen ist, kann die Frau schon vor dem eigentlichen Verkehr mehrere Höhepunkte empfinden, wodurch sie die Fülle ihrer Energie weiter auflädt und ihre Aura expandiert. Was nach den Yogis auch die Sexualforscher gefunden haben, ist die weibliche Fähigkeit, nach dem Höhepunkt gleichsam auf einem Plateau der Erregung zu bleiben und weitere Höhepunkte erleben zu können, sofern sie sich in einer sicheren Atmosphäre weiß.

Da die Möglichkeit einer Frau, beim Geschlechtsverkehr durch das Glied zum Höhepunkt erregt zu werden von der Lage der Klitoris, des Kitzlers, am Scheideneingang abhängt und häufig sexuelle Funktionsstörungen durch psychische

Unausgewogenheit beim Mann einen vorzeitigen Samenerguß bewirken, sollen beide Partner sich abstimmen, so daß keiner ohne Befriedigung bleibt.

Auch beim Mann gibt es Massagepunkte, die während der Einstimmung auf das Geschehen in der angegebenen Reihenfolge stimuliert werden können:

1. Den Kopf und die Haare
2. Die Lippen
3. Vom oberen Ende des Nackens die Wirbelsäule abwärts
4. Den Po
5. Die Innenseite der Oberschenkel und die Hoden
6. Das Glied
7. Die Nabelregion, Brust- und Brustwarzen

Die Reihenfolge nachvollziehend fällt auf, daß der Endpunkt nicht etwa das Glied, sondern der Bereich des Herz-Chakras ist. Es gilt, den männlichen Partner aus seiner zielorientierten Verhaftung zu lösen, feinfühlig und aufnahmefähig zu machen, die Resonanz so einzustellen, daß er bereit ist, zu geben und zu empfangen.

Nachdem beide ihren Höhepunkt erlebt haben, soll das Liebesspiel langsam ausklingen, so daß nicht durch den Kontrast von höchster Aktivität zu tiefer Ruhe eine schnelle Ermüdung des Nervensystems eintritt. **Anschließend wird beiden Partnern das Waschen und Urinieren empfohlen**. Um das Körperbewußtsein der Frau zu steigern und damit ihre Aura erneut zu stabilisieren, wird ihr empfohlen, den ganzen Körper zu waschen und darüber hinaus die Zähne zu putzen.

Während der Schwangerschaft

Nach yogischen Lehren ist es für das Kind im Mutterleib besser, wenn nach dem 120. Tag nach der Empfängnis sexuelle Enthaltsamkeit geübt wird. Seine Energiekörper und sein weltliches Bewußtsein sind im Entstehen, so daß Überlagerungen während dieser empfindsamen Zeit eher möglich sind. Dennoch sollte keiner der Partner Druck auf den anderen ausüben. Wenn die Frau kein

Verlangen hat soll sie es sagen können und nicht aus Angst, den Partner eventuell zu verlieren, zustimmen, wo sie nicht zustimmen will.

Selbstbefriedigung

Nicht nur in der Schwangerschaft wäre z.B. Selbstbefriedigung oder die gegenseitige Befriedigung ein möglicher Weg, die sexuelle Spannung zu entlasten. Dabei ist es so, daß die **Selbstbefriedigung für den weiblichen Organismus in keiner Weise Probleme** aufwirft. **Für den Mann ist dieser Weg weniger empfehlenswert**, weil das energetische Ungleichgewicht nicht durch die Überlagerung mit der weiblichen Aura ausgeglichen wird. Es kann, nach yogischen Auffassungen, zu einer Beeinträchtigung der Konzentrationsfähigkeit führen.

Soll die sexuelle Energie transformiert werden, so ist z.B. eine intensive Yoga-Praxis, Jogging oder andere Sportarten, das Essen von rohem Gemüse, wenn es mit kräftigem und reichlichem Kauen verbunden ist, die Reduktion von tierischen Eiweißen und insbesondere von Fleisch sowie von anregenden Lebensmitteln wie Zwiebeln, Knoblauch und Auberginen angeraten.

Das hohe Lied der Frau

„Solange die Frau nicht respektiert wird, wird es keinen Frieden auf der Erde geben. Wenn der Mann, der ja von einer Frau geboren wurde, nicht lernt, Frauen zu respektieren, wird er auch die Lehren des Lebens nicht lernen. Wie kann ein Baum leben, der sich von seinen Wurzeln trennt? Respektierst du die Frau nicht, verlierst du die Verbindung zu deinem Schöpfer, weil die Schöpfung durch sie fließt.“ [43] (Yogi Bhajan, 08.08.1977 in Khalsa 1994)

„Das reinste in der Welt ist das Herz der Mutter, das Herz-Chakra, das Zentrum der Mutter. Es kann Gott bewegen. Es kann das Universum bewegen. Es kann jenseits aller Begrenzung eine Wirkung verursachen. Das Herz der Mutter ist die größte Kraft der Unendlichkeit, die jemals einem endlichen Wesen gegeben wurde. Als höchste Gebete gelten das Gebet der Mutter, das Gebet der/des Geliebten (Ich wünschte, ich könnte Ehefrau sagen, aber das steht nicht so in den

Schriften und ich kann sie nicht umändern.), das Gebet des Selbst und des spirituellen Lehrers. Das sind vier Gebete, welche das Schicksal verändern und umwandeln können." [44] (Yogi Bhajan, 20.06.1977)

„Wenn der Mensch das Wirken des schöpferischen, bewußten Selbst in seiner Polarität zur Manifestation des gesamten Universums betrachtet, so geschehen Veränderungen durch die Reinheit, die Kreativität und die Göttlichkeit einer Frau. Guru Nanak wurde in ihrer Gebärmutter erschaffen, Buddha ging aus ihr hervor, Abraham wurde dort als Heiliger erschaffen und Moses bekam in der Gebärmutter seiner Mutter die Kraft, sich selbst zu opfern. Ihre Milch trägt die Essenz von Reinheit und Opferbereitschaft. Mit einem Schütteln ihrer Haare steht ein Universum auf oder geht zugrunde." [45] (Yogi Bhajan, 08.09.79 in Kaua, S. 42)

Der Geist, ein wilder Affe

Wenn wir uns vorstellen, unser Körper wäre ein Auto und unser wahres Selbst, unsere Seele der Fahrgast, dann gleicht der Geist einem Chauffeur, der wie ein Affe umherspringt, um mal hierhin und mal dahin zu schauen, der uns auf der Nase herumtanzt und den Blick auf das Wesentliche sogleich verliert, wenn ein Gegenstand der Ablenkung in sein Bewußtsein kommt. **Beim Bemühen, unseren Lebensplan zu verwirklichen, halten wir hier und da inne, machen Umwege und Aufenthalte**. Je deutlicher wir auf die Sprache der Zeichen achten, von denen wir umgeben sind, durch die die Weltenseele, die Schöpfung, auch auf dieser Ebene uns leitet, um so sicherer gelangen wir ans Ziel. Wir können dem Chauffeur klare Anweisungen geben, können ihn schulen und trainieren. Er ist unser Diener, zeitlich mitgegeben in dieses Leben. Jedoch er ist nicht identisch mit uns selbst.

„Wenn Du zwei-, dreimal versuchst, den Affen unter Deine Kontrolle zu bringen, wird er nicht gleich reagieren und auf Dich hören. Erst nach einiger Zeit, wenn er merkt, Dein Wille ist sehr stark und Du bist sehr entschieden, wird er auf Dich hören. Aber das erfordert selbstwußtes Vertrauen." [46] (Yogi Bhajan, 1973 in Khalsa 1994, S. 40)

Kundalini-Meditation

zur Verbesserung der Kommunikation mit dem Selbst

Haltung: Schneidersitz mit geradem Rücken.

Arme und Hände: Strecke die Hände vor dem Körper parallel zum Bogen gerade aus. Beuge die Arme in den Ellenbogen um 90 Grad, so daß die Unterarme übereinander zu liegen kommen. Dabei liegt der rechte Unterarm über dem linken. Die Hände greifen die Unterarme, wobei die Daumen neben den Fingern liegen.

Beine: Gekreuzt im Schneidersitz mit geradem Rücken oder auf einem Stuhl sitzend mit beiden Füßen flach auf dem Boden, etwa 24 cm auseinander, mit einem gerade Rücken.

Atmung: Atme tief durch die Nase ein und atme komplett aus, während das Mantra gesungen wird. Sei aufmerksam, daß, nachdem das Mantra gesungen wurde, keine Luft in den Lungen verbleibt.

Augen: 9/10 geschlossen.

Besondere Hinweise: Achte darauf, daß die Haltung der Arme die gesamte Zeit unverändert und perfekt bleibt. Halte den Rücken gerade, ohne Dich vor- oder rückwärts zu beugen.

Mantra: Singe das folgende Mantra in einer monotonen Art und Weise während der Ausatmung:

Ek Ong Kar Sat Hari

Dieses Mantra hat sieben Schläge. „Kar" erhält drei Schläge. Hari wird betont. Jede Wiederholung benötigt etwa 6 bis 8 Sekunden und sollte so kraftvoll durchgeführt werden, daß sie einen ganzen Atemzug benötigt.

Geistiger Fokus: Konzentriere Dich auf das Einatmen und auf das Singen des Mantras.

Geistige Bilder: Keine.

Allgemeine Bedingungen: Halte die Wirbelsäule die gesamte Zeit perfekt, gerade. Beuge Dich weder vor- noch rückwärts. Wenn diese Haltung korrekt ausgeführt wird, sollte sie keinen Druck im unteren Rücken verursachen.

Zeitdauer der Übung: Beginne mit 11 Minuten und steigere bis auf 31 Minuten.

Kommentar: Diese Meditation hilft Dir mit Deinem höheren Selbst in Verbindung zu treten, zu kommunizieren. Sie weckt die Gehirnzentren, balanciert Schilddrüse und

Nebenschilddrüsen aus, stimuliert die Wirbelsäulenenergie und ist allgemein anregend, um die Energie zu erhöhen. [47] (Yogi Bhajan, 1980, S. 31-33)

Erklärung: **Ek Ong Kar** ist ebenfalls ein Klangbild für den Schöpfer, das Unendliche, das Einssein. **Sat Hari** können wir verstehen als die Wahrheit. Sie manifestiert sich, da, wo die Seele kreativ ist, auf der Ebene der Natur, Prakriti. Dieses Mantra schafft eine Balance zwischen dem Unmanifestierten, dem am meisten Ätherischen und dem ins Sein Getretenen.

„Warum sind viele von uns Menschen unglücklich? – Ohne Harmonie ist jeder unglücklich. Deshalb solltest Du als erstes eine Beziehung zu Deinem höheren Selbst entwickeln, in welcher Du in Einklang mit Dir und dem Universum bist und Du Dich sehr klar und ausgeglichen fühlst. Wenn Du keine Beziehung zu Deinem höheren Bewußtsein hast, wie willst Du dann eine Beziehung zu Deiner Umgebung haben? Wie willst Du dann auf Dauer Fülle und Schönheit in Deinem Leben finden?" (Yogi Bhajan, 01.07.1977 in Khalsa, 1994) [48] Khalsa Tarn Tarankaur, Yoga für werdende Eltern, Hugendubel-Verlag, 1994, S. 17)

Kundalini-Meditation für positive Kommunikation

Haltung: Im Schneidersitz sitzend, aufrecht, mit geradem Rücken, die Arme nach vorn gestreckt.

Arme und Hände: Halten Sie beide Handflächen so, daß der Handrücken der rechten Hand in der linken Hand ruht, während die Finger nach unten weisen und die Handflächen zum Körper blicken. Die Finger beider Hände sind gestreckt. Beugen Sie den linken Daumen über die rechte Handfläche und den rechten Daumen über den linken. Jetzt sind die Hände gekreuzt, während die Finger abwärts zeigen. Halten Sie die Daumen fest in dieser Stellung. (Sind Sie Linkshänder, wechseln Sie die Seiten.) Halten Sie die Arme in Schulterhöhe parallel zum Boden. Strecken Sie die Schultern vorwärts. Die Hände sollen sich jetzt etwa 18 bis 24 cm vor der Brust befinden.

Beine: Im Schneidersitz, mit geradem Rücken oder auf einem Stuhl sitzend, beide Füße flach auf dem Boden, etwa 24 cm nebeneinander, mit einem geraden Rücken.
Atmung: Atmen Sie tief durch die Nase ein und während Sie das Mantra singen, vollständig aus. Stellen Sie sicher, daß Sie den gesamten Atem benutzen, um das Mantra zu singen.
Augen: Geschlossen.
Besondere Bemerkungen: Strecken Sie die Schultern vorwärts.

Mantra: **Hari, Hari, Hari, Hari, Hari, Hari, Har.**

Das Mantra soll in einer monotonen Weise fünfmal auf jeden Atemzug wiederholt werden; dann atmen Sie aus. Fühlen Sie wie die Worte an der Rückseite des Halses vibrieren.
Geistiger Fokus: Auf die Atmung und das Singen des Mantras konzentriert.
Geistige Bilder: Keine.
Allgemeine Bedingungen: Auszuführen mit leerem Magen.
Übungsdauer: Keine spezielle Übungsdauer. Üben Sie nach eigenem Empfinden bis zu 31 Minuten.
Kommentare: Durch die Ausübung dieser Meditation wird das Wesen in die Lage kommen, alle Negativität hinter sich zu lassen und stets vermögend sein, positiv zu kommunizieren. [49] (Yogi Bhajan, 1980, S. 33-34)

Erklärung: **Hari** bedeutet das Klangbild für den Strom des Manifestierens aus Gott. **Har** bedeutet Herr, Gott, die Essenz aller Schöpfung, den unmanifestierten Strom des Seins. Das gesamte Mantra ist gleichsam ein Abbild des Schöpfungstanzes. Seine Wiederholung führt dazu, daß wir uns einstimmen und harmonisieren, positiv synchronisieren mit dem unmanifestierten Sein und der Schöpfung.

Kundalini-Meditation für wirksame Kommunikation

Allgemeine Haltung: Im Schneidersitz und mit geradem Rücken.

Arme und Hände: Falte die Hände so, daß die Finger sich kreuzen und der rechte Zeigefinger oberhalb des linken gelegen ist. Die Daumen berühren sich, sind gestreckt und zeigen nach oben. Halte die so gefalteten Hände vor der Brust zwischen Solarplexus und Herzgegend. Die Arme werden im herabhängenden Ellbogengelenk soweit gebeugt, daß die Hände zwischen Solarplexus und Herz vor der Brust liegen.

Beine: Schneidersitz mit geradem Rücken oder auf einem Stuhle sitzend, wobei das Gewicht gleichmäßig auf die Füße verteilt wird.

Atmung: Tiefes Einatmen durch die Nase und Ausatmen, während das Mantra auf die ganze Ausatmung gesungen wird.

Augen: Geschlossen.

Besondere Hinweise: Keine.

Mantra:

Ra, Ra, Ra, Ra,

Ma, Ma, Ma, Ma

Sa, Sa, Sa, Sat

Hari, Har, Hari, Har

Sei aufmerksam, daß Du das ganze Mantra mit einem ganzen Atemzug singst.

Geistiger Fokus: Konzentriere Dich auf die Atmung und das Singen des Mantras.

Geistige Bilder: Keine.

Allgemeine Anweisungen: Mit leerem Magen zu üben.

Zeitdauer: Beliebig.

Kommentare: Diese Meditation wird Deine Sprache sehr wirksam machen, so wirksam, daß Du in die Lage kommst, mit der Kraft des Denkens zu kommunizieren.

(Yogi Bhajan, 1980, S. 34-36)

Erklärung: Die Übersetzung von **Ra ist Sonne**, die von **Ma Mond. Sa** bedeutet **Ganzheit**, totality, EINS, Schöpfung. **Sat** ist am ehesten mit **Wahrheit**, wahrhaftig zu übersetzen. Hari Har bringt erneut in Resonanz mit der Polarität zwischen manifester Schöpfung und ihrer Essenz. Das Mantra schafft die Resonanz zur Kreatitvität des Seins – das Spiel des Lebens.

Kundalini-Meditation zum Ausgleich und zur Erhöhung der Energie des Nervensystems:

Abwechselnde Nasenlochatmung

Sind wir aufgeregt, tendieren wir dazu kurz und flach zu atmen. Auch unsere Handlungen sind dann flach und von kurzer Reichweite. Sind wir konzentriert, tendieren wir lang und tief zu atmen. Die Energie des Nervensystems steht in einem direkten Zusammenhang mit der Atmung des Menschen. In seiner Weisheit gab uns der Schöpfer zwei Nasenlöcher. **Alte yogische Texte erklären bereits, daß das rechte Nasenloch unser „Sonnennasenloch" ist und unsere Energien kontrolliert. Unser linkes Nasenloch ist unser „Mondnasenloch" und kontrolliert unsere Gefühle.**

Wenn wir also müde sind und dann lang und tief **durch das rechte Nasenloch** atmen, wird uns das **erfrischen und Energie geben**. Atmen wir **durch das linke Nasenloch**, wird uns das **auch in der Mitte von emotionalem Streß, Ärger, Nervosität, Freude, Traurigkeit, Ruhe und Klarheit** geben.

Wenn wir also lang und tief abwechselnd durch das rechte und das linke Nasenloch atmen, wird das ganze Nervensystem beruhigt, besänftigt und zur gleichen Zeit energetisiert.

Um also das ganze Nervensystem zu revitalisieren, ist nichts weiter zu tun als 3 bis 5 Minuten diese abwechselnde Nasenlochatmung durchzuführen. Obwohl die Technik sehr einfach ist, ist sie doch sehr wirksam. Insbesondere wenn wir aus dem Lot gekommen sind und dennoch unsere täglichen Aufgaben erfüllen müssen, ist diese Meditation sehr hilfreich. So z.B. auch, wenn ein wichtiges Interview bevorsteht oder ein bedeutendes geschäftliches Vorhaben abgewickelt werden soll und wir uns selbst als nervös und reizbar empfinden. Diese Technik kann uns dann helfen, zur Ruhe zu kommen und wirksam zu kommunizieren.

Diese Technik wird mit Daumen und Zeigefinger der rechten Hand ausgeführt. Wir formen aus diesen beiden Fingern ein „U“ und benutzen den Daumen, um das rechte Nasenloch zu verschließen, während wir durch das linke Nasenloch atmen. Dann benutzen wir den Zeigefinger, um das linke Nasenloch zu schließen, während wir durch das rechte Nasenloch atmen.

Die Sequenz sieht folgendermaßen aus:
Verschließe das linke Nasenloch und atme tief durch das rechte Nasenloch ein. Dann verschließe das rechte Nasenloch und atme durch das linke Nasenloch aus. Nun atme durch das linke Nasenloch tief und voll ein. Dann verschließe das linke Nasenloch und atme durch das rechte komplett aus. Dann wiederholt sich der Zyklus wieder und wieder, einatmen rechts, ausatmen links, einatmen links, ausatmen rechts... Diese Art der Atmung wird für 3 bis 5 Minuten weitergeführt. Es soll jeweils ganz ein- und ganz ausgeatmet werden. **Es geht dabei nicht um die Geschwindigkeit, sondern um die vollständige Ein- und Ausatmung**. Nach 3 bis 5 Minuten wird tief eingeatmet und die Luft für einige Sekunden angehalten, die Hand entspannt niedergelegt und dann ausgeatmet. [50] (Yogi Bhajan, 1980, S. 36-38)

„Wecker“ für das Immunsystem

Im Folgenden werde ich Ihnen, nach Altersgruppen geordnet, einige Yogaübungen vorstellen. Diese sind geeignet, die Funktion des Immunsystems anzuregen. Ziel einer regelmäßigen Übungspraxis ist es, die natürlichen Reparaturmechanismen des Körpers anzuregen, sodaß Störungen im System, wie sie zum Beispiel durch Impfungen und andere ärztliche Maßnahmen bewirkt werden können, ausgeglichen werden.

Übungsset I, für Kinder:

- Auf Händen und Knien am Boden weilen; die Zunge herausstrecken; **Atmung** hechelnd, wie ein Hund; **Dauer** 30 Sek.

- Zu einer Kugel zusammenrollen, die Knie zur Brust gezogen; vor und zurück rollen; **Dauer** 1 Min.
- Auf allen Vieren laufen wie ein Elefant; **Dauer** 1 Min.
- Hinstellen, die Arme hoch erhoben; Schwanken, wie ein Baum im Wind; **Dauer** 30 Sek.
- Den ganzen Zyklus idealer weise **3 mal wiederholen**

Übungsset II, für Teens:

- Den Rücken, die Wirbelsäule und die Atmung lösen – Kamelreiten; **Dauer 3 Min.**
- Die Hände zur Faust geballt, mit schneller Bewegung der Unterarme in Höhe der Schultern, etwa 30 cm vor und zurück; **Feueratem**, i. e. kurze, gleichmäßig ein- und ausgeführte Atemzüge bei etwa ¾ Einatmung mit dem Bauch geatmet ca. 2 mal pro Sek; **Dauer 3 Min**. Zum Schluß einatmen und für 30 Sek die Fäuste anspannen.
- Die Finger verschränken, wie zum Gebet, jedoch die Arme nach vorn ausgestreckt, die Handflächen nach außen kehren, so daß sie nach vorne weisen und die Daumen nach unten zeigen; **Atmung lang und tief**; **Dauer 2 Min**; **Augen weit geöffnet**, blicken in die Unendlichkeit.
- Hände über den Kopf, Handflächen weisen zum Schädel also nach unten. Als wenn wir ein magnetisches Feld über dem Kopfe schaffen, werden nun die Hände schnell auf und nieder bewegt. (Zur Intensivierung kann das Mantra „HAR“ jeweils dann z.B. mit MC gesungen werden, wenn die Hände sich abwärts bewegen. Es bezeichnet die unmanifestierte Allmacht Gottes). **Dauer 2 – 3 Min.**

Übungsset III, für die Menschen in der Reifephase

- **Sitaliatem**, das heißt, einatmen durch die gespitzten Lippen bzw. die gerollte Zunge, ausatmen durch die Nase; **Dauer 11 Min.**
- Beide Zeige- und Mittelfinger gestreckt, während die übrigen Finger in die Hand gebeugt sind, wie zum Schwur, werden die Fingerspitzen der linken Hand auf das Herzzentrum gelegt, während die rechte Hand in Schulterhöhe gehalten wird. Dabei weisen rechte Zeige- und Mittelfinger nach oben, die Handfläche nach vorn; die zu 1/10tel geöffneten **Augen** blicken **auf die Nasenspitze**; **Atmung lang und tief**; **Dauer 11 Min.**

Übungsset IV, für Senioren

- In entspannter Haltung, mit aufrechtem Oberkörper, im einfachen Yogasitz oder auf einem Stuhle sitzend, die Hände so auf die Oberschenkel gelegt, daß die Handflächen nach oben blicken und Daumen und Zeigefinger sich berühren, d. h. im Gyanmudra. Dabei hängen die Oberarme entspannt nach unten, während die Ellbogen den Körper berühren; **Atmung lang und tief**; **Dauer 11 Min**. Mantra ggf. „Rakhe Rakhanhar" für Ausgeglichenheit, Stärke und Erfolg meditieren, das Liebe und Fürsorge des Schöpfers preist.
- Alternativ werden die Handflächen in Höhe des Nabels ohne Abstand vor dem Bauch gehalten; im Geiste wird der Nabel als ein riesiges Wasserreservoir betrachtet. **Atmung lang und tief, langsam; Dauer 5 Min.**
- **Dann** Hände im Bereich des Herzzentrums übereinandergelegt; **Atmung lang und tief**, ein durch die Zähne, aus durch die Nase;
- **Dann** Hände in der Schlüsselbeinregion auf den Brustkorb gelegt, feste auf den Brustkorb drücken, **tief einatmen, Atem anhalten** und **Druck für etwa 10-20 Sek. geben, dann langsam durch die Nase ausatmen; Dauer 5 Min.**
- **Dann** in entspannter Haltung mit entspanntem Oberkörper, im einfachen Yogasitz oder auf einem Stuhle sitzend, die Hände so auf die Knie gelegt, daß die Handflächen nach oben blicken und Daumen und Zeigefinger sich berühren, d. h. im Gyanmudra; **Atmung lang und tief**; erfüllt vom Gefühl von Weite und Leichtigkeit; ggf. Gong-Musik z.B. „Spirit song-CD" leise spielen;
  Dauer 3 – 31 Min.

Allgemeine Übungen zur Erhöhung der Synchronisation der Hirnhälften

- Ellenbogen und Knie abwechselnd über Kreuz zueinander bringen; stehend oder auf dem Rücken liegend.
- Eine Hand an die Nase, eine ans Ohr – überkreuzend; zwischendurch mit beiden Handflächen auf die Oberschenkel klatschen.
- Eine Hand zur Faust, bei der anderen die Finger gestreckt, die Hände nebeneinander haltend in schnellem Wechsel öffnen und schließen.

- Während die eine Hand den Rumpf auf- und abstreicht, mit der anderen einen gleichmäßigen Rhythmus klopfen, dann Wechsel.
- Die Hände werden in einer angenehmen Distanz zum Körper gehalten. Während die eine Hand auf und nieder bewegt wird, führt die andere eine Rechts-Links-Bewegung durch; dann wechseln. Es können auch lineare und Kreisbewegungen in verschiedenen Ebenen kombiniert werden.
- Beide Arme werden nach vorn gestreckt und die Finger verschränkt, das heißt, die Hände gefaltet. Dann bewegt man die Hände in einer liegenden Schleife, gleich einer liegenden Acht; erst in der einen, dann in der anderen Richtung. Diese Übung kann auch mit den Beinen durchgeführt werden, auf dem Stuhle sitzend oder auf dem Rücken liegend mit erhobenen Beinen.
- Stehend oder in Rückenlage gleichzeitig linken Arm und rechtes Bein, dann rechtes Bein und linken Arm abwechselnd anheben.

Über das Sterben

Wie an dem Tag, der Dich der Welt verliehen
die Sonne stand zum Gruße der Planeten,
bist alsbald und fort und fort gediehen
nach dem Gesetz, wonach Du angetreten.
So mußt Du sein, Dir kannst Du nicht entfliehen.
So sagten schon Sybillen und Propheten.
Keine Zeit und keine Macht zerstückelt,
geprägte Form, die lebend sich entwickelt.

(Goethe)

Obwohl die Erfahrungen vieler Menschen eine eindeutige Sprache sprechen, gelten die Themen „Tod" und „Wiedergeburt" immer noch als sehr schwierig. Was im Wassermann-Zeitalter Allgemeingut sein wird, gilt im ausklingenden, materialistischen Fische-Zeitalter als unwissenschaftlich. Wer darüber nachlesen will, kann dies unter anderem in den Büchern von [51], [52], Elisabeth Kübler-Ross, [53] R.A. Moody, [54], [55] T.H. Detlefsen, [56] B.J. Eadie, [57] G. Ritchie [58] und M.T. Browne tun.

Die Geschichte des Arztes George Ritchie, der 1943 in einem Lazarett verstorben war und auf wunderbare Weise ins Leben zurück kam, um ein erstaunliches Erlebnis zu erzählen, seine Form des Erlebens des Todes und der Welt danach, bewegte

Raymond A. Moody dazu, nach anderen zu suchen, die auch „vom Tode zurückgekommen“ waren. (Ritchie, 1995)

So wie die Menschen sich in Statur und Charakter unterscheiden, so unterschiedlich sind auch ihre Ansichten und Erkenntnisse. Die verschiedensten Schulen haben sich gebildet, von denen die eine dies, die andere jenes als das wesentliche lehrt. Gemeinsam ist allen, daß sie, wenn auch in unterschiedlichem Ausmaß und unterschiedlicher Weise, bestätigen, was auch in einigen Texten des Yoga als alte Tradition weitergegeben wird.

Willen ist Wirken, Karma. Wirken hat Folgen und die wiederum haben Folgen und die wiederum haben Folgen usw. Durch Yoga kann es uns gelingen, so klar und rein zu werden, daß ein Gedanke, der von der Seele ausgeht, sich unverfälscht, wahrhaftig manifestiert, das heißt,, daß daraus keine Folgen entstehen, die uns auf der irdischen Ebene verhaftet bleiben lassen. Auch bevor das erreicht ist, können wir, im Bewußtsein, daß wir als Seele Teil des unendlichen Selbst sind, alles Geschehen so betrachten, daß es uns Lehre und Erfahrung bedeutet. Auch dann sind wir frei vom Zwang der Reaktion, Sünde, Sonderung. Abkehr von Gott heißt nicht länger ewige Verdammnis, ist Dunkelheit bis zum Augenblick der Umkehr. Die Erkenntnis, als Seele Teil Gottes zu sein, befreit, befreit noch während des Lebens. Dieses Bewußtsein wird **Jiwan Mukhta** genannt.

Wenn nun Yoga die Verbindung bedeutet, im weitesten Sinne des Himmels und der Erde und Man-tra Geistprojektion, so können wir durch Yoga-Praxis und die Meditation auf ein Mantra im Augenblick des Sterbens unseren Weg beeinflussen. Bevor ich dazu im einzelnen etwas sage, will ich Gemeinsamkeiten des Nahtodeserlebnisses, des Sterbens, wie sie mir zum Teil auch von Patienten, die durch diese Erfahrung gegangen sind, berichtet wurden, darstellen:

Während sich eventuelle körperliche Bedrängnis dem Höhepunkt nähert, erfolgt eine akustische Wahrnehmung, dann ein unmögliches Gefühl und sogleich die Erfahrung, außerhalb des Körpers sich zu befinden und das weitere Geschehen aus der Distanz als Beobachter zu sehen. Oft führt dies zu Verwirrung über den neuen Zustand und dem Bemühen, den vorherigen wieder herzustellen, was nichts anderes ist, als verhaftet zu bleiben an seinen irdischen Beziehungen. Die vielen Spuk- und Gespenstergeschichten über Geister, bewachte Schätze, verwunschene Schlösser und Seen, haben darin ihre Grundlage, daß Menschen unterschiedlicher Feinfühligkeit irgend etwas wahrgenommen haben, ohne es notwendigerweise richtig einordnen zu können. Für den Verstorbenen oder den beinahe Verstorbenen ergibt sich die Erkenntnis, daß die physische Welt für ihn durchaus noch erfahrbar ist, umgekehrt aber er dorthin nicht mehr kommunizieren kann – außer über wenige besondere Kanäle und Art und Weisen. Er kann durch Wände gehen, fliegen und andere Erlebnisse haben, er ist in einer neuen Realität. Auf den feinstofflichen Ebenen ist das Feinstoffliche real. **Es genügt ein Gedanke, Realität zu werden. Einerseits eröffnet dies die Möglichkeit ins Paradies zu ziehen, andererseits genügt die kleinste Angst, den Inhalt der Angst Realität werden zu lassen.** Der Geist ist in diesem Zustand Opfer seiner eigenen Triebe, Begierden, Wünsche und Gedanken. Unterhaltsam und doch lehrreich finden wir, das sehr ausführlich dargestellt in zwei Büchern von J. Lorbeer, die diesbezüglich vieles zu denken geben [59] (Lorbeer, J.; 1960, 1963)

„Die Weisen hatten erkannt, daß diese Welt lediglich ein Abbild des Paradieses ist. Die bloße Existenz dieser Welt ist eine Garantie dafür, daß es eine vollkommenere Welt gibt. Gott erschuf diese Welt, damit der Mensch durch das Stoffliche seine geistigen Gesetze erkennen lernt. ... Es genügt, wenn Du Dich in die Betrachtung eines einzigen Sandkornes versenkst, und Du wirst darin alle Herrlichkeiten der Schöpfung wiederfinden. ... Höre auf die Stimme Deines Herzens. Es kennt alle Dinge, denn es kommt aus der Weltenseele und wird eines Tages dorthin zurückkehren. ... „Jeder Mensch auf Erden hat einen Schatz, der in erwartet“, sagte sein Herz. „Wir Herzen sprechen jedoch wenig von diesen Schätzen, weil die Menschen sie schon gar nicht mehr entdecken wollen. Nur den Kindern erzählen wir davon. Dann überlassen wir es dem Leben, jeden seinem Schicksal entgegenzuführen. Aber leider folgen nur sehr wenige dem Weg, der für sie vorgesehen ist und der der Weg zu ihrer inneren Bestimmung ist und zum Glück. Sie empfinden die Welt als etwas Bedrohliches – und darum wird sie auch zu etwas Bedrohlichem. Dann sprechen wir Herzen immer leiser, aber ganz schweigen tun wir nie.““ [60] (Coelho, 1996, S. 134-138)

Das hier Beschriebene hat im Übertragenen seine Gültigkeit, damit letztlich sowohl im Dies- als auch in Jenseits.

Für die beinahe Gestorbenen, auch ich persönlich hatte das Glück einer solchen Erfahrung, kommt häufig dann irgendwann mehr oder weniger deutlich, oft in Verbindung mit einem Lebensrückblick die Erkenntnis, in den Körper zurück zu gelangen, oft zu müssen – müssen deswegen, weil die außerkörperliche Erfahrung oft von unbeschreiblicher Liebe, von Wärme und Licht, von angenommen und glücklich sein sowie von Geborgenheit begleitet wird.

Im Folgenden will ich nun einige der grundlegenden Gedanken zu diesem Geschehen skizzieren, wie sie im Kundalini-Yoga Tradition sind, und insbesondere in welcher Weise das Meditieren diesen Vorgang zu beeinflussen vermag.

Zeit ist relativ. Es kommt nicht darauf an wieviel man hat, sondern was man daraus macht, denn letztlich haben wir alle Teil an der Ewigkeit.
Zum Zeitpunkt der Geburt hat das neugeborene Kind begonnen aus den feinstofflichen Körpern der Mutter seine eigenen feinstofflichen Körper zu bilden, genauso, wie es seinen biologischen Körper aus den Zellen der Mutter gebildet hat. Mit dem Moment des Abnabelns übernimmt der sogenannten Prana-Körper, der ätherische Körper, die Funktion, das Leben energetisch zu erhalten. Wir atmen Licht, Prana, die lebenserhaltende Kraft des Äther.

„Da machte Gott, der Herr, den Menschen aus Erde vom Acker und blies ihm den Odem des Lebens in seine Nase. Und so ward der Mensch ein lebendiges Wesen.“
(1. Buch Mose, 2,7)

Die Seele als das Göttliche im Menschen, als der göttliche Hauch, Pneuma, entspricht diesem Bild. Im Übertragenen ist es die Menge an Prana, die zur Verfügung steht. Der Tod tritt natürlicherweise dann ein, wenn diese Energie aufgebraucht ist. Soviele Menschen sterben für ihre Umgebung überraschend, scheinbar ohne jeden Grund, obwohl sich biochemisch nichts Wesentliches verändert zu haben scheint. Sie sterben, weil die organisierende Kraft des Prana-Körpers den biologischen Organismus nicht länger erhält.

Wenn wir uns vergegenwärtigen, daß alle Natur aus den Elementen des Periodensystems aufgebaut ist, daß alle Elemente aus einem Atomkern, der von einem oder vielen Elektronen umkreist wird, bestehen – was ist dann in dem Raum zwischen den kreisenden Elektronen und dem Kern? **Die Grundsubstanz der Schöpfung ist dort, ein Feld, das Information enthält, das die Eigenschaften von Energie und Materie annehmen kann.**

Nachdem letztlich alle Materie in ihrem Ursprung identisch ist, Energie, Information mit unterschiedlichem Klang, in unterschiedler Vibration und Dichte, leben wir auf dieser weltlichen Ebene solange, wie wir Prana aufbrauchen können. Ein Text zu lesen, ist das Buch „Licht-Nahrung“ von Jasmuheen (1997). [61]
Diese Frau beschreibt ihren Lebensweg, der sie 1993 dahin führte, sich nur noch von Prana zu ernähren.

Ist der letzte Atemzug getan und das Leben ausgehaucht, stirbt der biologische Körper. In den nächsten 3 Sekunden, die als eine Ewigkeit erfahren werden können, wird die geistige Ebene zur Realität. Der Mensch erlebt dann vollständig das Panorama seines Lebens: In der **ersten Sekunde warum** wir zur Erde **gekommen sind,** in der **zweiten, wie** wir unsere Aufgaben **gelöst** haben und in der **dritten entscheiden wir, wie wir zu diesen Lösungen stehen. Wir selbst sind es, die unser Leben betrachten und beurteilen, wir selbst sind es, die in unserer Reaktion Hölle oder Himmel erschaffen, die wir uns und anderen Sünden behalten oder vergeben.**
Sind wir von Angst oder Freude bewegt, bleiben wir verhaftet, kehren wieder. Wenn wir im Leben Disziplin des Geistes geübt haben, können wir sie beim Übergang von dieser in jene Dimension nutzen. Yogi Bhajan führt aus, daß wer im Sterben auf „**Wahe Guru**“ meditiert, nicht durch das Panorama des Todes gehen wird. Wer auf „**Hari**“ meditiert, dessen Schicksalsfolgen, dessen Karmas lösen sich auf, genauso, als wenn er alle Aufgaben seines Lebens ausgearbeitet habe, da er dann, auf sein Leben blickend, nicht mehr *reagieren* müsse. Meditiert der Sterbende auf „**Sat Nam**“, wird er die Begleitung von Engeln haben, die ihm helfen, seinen Weg zu vollenden. Auch wer über eine Folge von Gebeten meditiert, die als „**Kirtan Sohila**“ benannt sind, muß nicht durch das „Panorama des Todes“ gehen.

Sind diese 3 Sekunden verstrichen, verlassen Seele und Subtilkörper den Leib. **Ist es gelungen, während dieser 3 Sekunden immer wieder das Mantra zu denken, bleibt der Mensch immer mit dem neutralen Geist verbunden und wird nicht reagieren, wird sich nicht verurteilen, wird nicht trauern über verpaßte Chancen, Liebe erwiesen zu haben.** Yogi Bhajan beschreibt einen Ort der Entscheidung, in den Bergen, kalt, verschneit, einsam. Entweder mußt Du den Weg alleine gehen oder Du entscheidest Dich, an einen gemütlichen Ort zu gehen, an dem Freunde und Bekannte sitzen, der einladend und schön ist. Die Entscheidung, ob wir den Bergweg der Befreiung weitergehen oder die Wiederverkörperung wählen, fällen wir selbst. Das elektromagnetische Feld der Erde hält die Geister auf, die irdisch verhaftet sind. Die völlige Lösung vom Körper kann 3 Tage dauern. Die Lösung aus dem elektromagnetischen Feld der Erde kann 13 bis 17 Tage dauern.

Wir können, während wir meditieren, eine solche Schwingung im Äther verursachen, daß verhafteten Seelen die Lösung dennoch gelingt. Wollen wir einen Gestorbenen bewußt unterstützen, können wir das, indem wir das Mantra „**Akal**" wiederholen. Übersetzt bedeutet das, unsterblich, Du bist unsterblich, Du stirbst nicht. Es ist dies nichts anderes als die Fürbitte z.B. in der Katholischen Kirche oder die Verehrung der Vorfahren in anderen Religionen. Wunderbarerweise wird das Mantra bis zum 17. Tag vom Tage des Todes an gezählt mit 5 oder mehr Menschen 31 Minuten lang wiederholt. Ist nicht soviel Zeit, mögen auch **11 Wiederholungen des Mantras nach 11 minütiger Vorbereitung durch Feueratmen**, das ist ein schnelles, verhältnismäßig flaches Ein- und Ausatmen durch die Nase, ohne Pausen, gleich einem Hecheln, genügen. Darüber hinaus sei erwähnt, daß jeder lichte Gedanke Licht bringt.

Ist das elektromagnetische Feld durchquert, gelangen wir in die Ätherschichten, wo entwickelte Wesen und die Meister uns auf unserem Weg unterstützen, wenn wir dafür offen sind. Eine andere Bezeichnung für die erste Ätherschicht ist „die Akasha-Chronik". Sie ist der Speicher, in dem alles, was wir erfahren haben und erfahren werden, dargestellt ist. Hier wird das Individuelle, das auf dem Subtilkörper als Schicksalsweg niedergelegt ist, „bereinigt". **Auf die erste Schicht, den blauen Äther, folgt die Stufe des zweiten Äthers**, in der weiter

Erfahrungen, gleichsam wie im Unterricht, gemacht **werden. Darauf folgt die dritte Ätherschicht**, in der die Wesen erfahren können, ihre Erkenntnis in Zeit und Raum beizubehalten. In der zweiten und dritten Ätherschicht verweilend, warten viele Seelen auf die Gelegenheit erneut zu inkarnieren, auf einen neuen Körper. **Diejenigen, die während der 3 Sekundens des Sterbens meditiert haben, gelangen in die vierte Ätherschicht**, von wo sie noch einmal zurückkehren. **Aus der fünften Ätherschicht wirken die Erleuchteten und Meister** zum Segen der Schöpfung, weit über die Grenzen des Personifizierten hinaus. Diejenigen, die wieder auf der Erde geboren werden, kommen alle um Demut, Hingabe, freiwilliges Dienen zu lernen, um die Grenzen von Raum und Zeit und die Versuchung von Wissen, Macht und Verlangen zu erfahren, zu erproben und ihr zu widerstehen.

Der Versuch, sich durch **Selbstmord** der Lösung eines Problems zu entziehen, sei es auch eine schwere Erkrankung, führt schließlich dazu, daß es wohl gelingen mag, das Werkzeug, seine Erfahrungen zu machen, zu zerstören, der oder die Betroffene dann jedoch ohne Werkzeug, sich demselben Problem gegenüber sieht. Die Zeit zu Sterben war noch nicht da, da der Prana-Körper weiter in Funktion bleibt. Es verhält sich dann in gewisser Weise ähnlich wie bei anderen Formen des gewaltsamen Todes, wo wir die Folgen unserer Handlungen so erfahren, wie wir sie eingeleitet haben: Neben die Sprossen der Leiter tretend, können wir stürzen.

Stirbt ein Mensch z.B. bei einem Verkehrsunfall, kann es sein, daß die Seele sofort in einen anderen Körper einzieht, ohne durch die blauen Äther zu gehen.

„Manchmal hast Du vielleicht das Gefühl, daß Du Deinen eigenen Willen, Deinen eigenen Geist hast. **Wenn Du sagst, Du willst Deinen eigenen Willen haben, hast Du weniger Deinen eigenen Willen als Deine eigene Frustration**. Was Du als Deinen eigenen Willen bezeichnest, ist der Wille, der Dir von Gott als Geschenk gegeben worden ist. Du wirst sagen: „Ich will meinen Kopf durchsetzen". Das kannst Du nicht, wenn Du das tust, zerstörst Du Dich selbst. Dein Wille, Dein Geist würde zu Deiner Selbstzerstörung führen. Wieso? Der Geist ist Dir gegeben worden, um Gleichgewicht, Harmonie zu erzeugen, um Frieden zu schaffen und Gott zu suchen. Du versuchst, Deinen eigenen Willen, Deinen eigenen Geist zu erschaffen, um etwas zu tun, das Dich an die Erde bindet. Du willst Dich selbst erdgebunden machen. Aber der Geist ist Dir gegeben worden, um Dich an Gott zu binden. Er bedeutet eine Polarität. Wenn Du Deinen eigenen Geist hast, wird Dich dieser Geist an die Erde, an die Materie binden. Wenn Du Dich an die Materie bindest, fängst Du an zu leiden, das ist ganz sicher. Nun, Gott hat Dir einen Geist geschenkt, um Dich gottgebunden zu machen. Dein Geist ist nicht Dein Geist. Er ist ein Geschenk Gottes an Dich, damit Du seine Schöpfung erkennst, in Harmonie und Einklang mit Dir lebst.“ [62] (Yogi Bhajan, Juli 1997 in Khalsa 1994)

Es liegt an uns, unsere Existenz mit den Gesetzen des Seins, mit der Liebe Gottes mehr und mehr in Resonanz zu bringen, die Rückkehr des verlorenen Sohnes zu vollziehen. Alle Formen von Störung, Krankheit oder Unbill, welcher Art auch immer, dienen nur dem Zwecke unserer Erkenntnis. Wir können aus dem Einssein fallend, uns abwenden und versuchen, die Unendlichkeit zu berechnen oder wir können, z.B. in der Praxis des Meditierens uns wieder auf den Weg in das Einssein, das Verschmelzen mit dem Ort unserer Herkunft begeben.

Der Herr ist mein Hirte, mir wird nichts mangeln.
Er weidet mich auf einer grünen Aue
und führet mich zu frischem Wasser.
Er erquicket meine Seele.
Er führet mich auf rechter Straße um seines Namens willen.
Und ob ich schon wanderte im finstern Tal,
fürchte ich kein Unglück; denn Du bist bei mir,
Dein Stecken und Stab trösten mich.
Du bereitest vor mir einen Tisch im Angesicht meiner Feinde.
Du salbest mein Haupt mit Öl und schenkest mir voll ein.
Gutes und Barmherzigkeit werden mir folgen mein Leben lang,
und ich werde bleiben im Hause des Herrn immerdar.
(Psalm 23)

Alles Blödsinn?[8]

Angefangen mit den arzneilichen Zusatzstoffen bei den Impfmitteln, die Notwendigkeit des Impfens überhaupt hinterfragend, über „den lieben Gott“ und die

[8] Bis „Homöopathie und Quantenmechanik...“ enthalten in meinem Buch „Skizzen zur Homöopathie“.

fünf Äther sprechen – ist das nicht etwas heftig? Wird da nicht zuviel guter Wille vom Gegenüber verlangt? Der gute Wille ist da. Es bedarf nur, daß er angesprochen wird. Ich habe mich sehr ausführlich bemüht, darzustellen, daß nach meinem Begreifen Erkrankung, Kranksein, Krankheit, dem Betroffenen und seinen Mitmenschen etwas Gutes bedeuten. Sie zeigen auf, daß die Kommunikation, die Verbindung mit dem eigenen höheren Selbst, mit der Weltenseele, mit Gott, in irgendeiner Form belastet ist. Lassen Sie uns noch einmal das Bild eines Strudels nehmen, der evtl. erst weit entfernt von dem Stein, der seine Ursache ist, im Flußlauf erkennbar wird. Auch wenn dieser Stein schließlich umgefallen ist, wird der Strudel noch einige Zeit bestehen, bevor die Energien, die zu seiner Entstehung geführt haben, gänzlich transformiert sind. So geschieht es denn auch uns, daß wir, selbst wenn wir Sinn und Zusammenhänge einer Erkrankung verstanden zu haben meinen, deswegen nicht notwendigerweise von dem Prozeß befreit sind, der, seinen inneren Regeln gehorchend, weiter verläuft. Dennoch ist es wesentlich, auf das Ziel zu achten und nicht auf die Echos aus der Vergangenheit zu reagieren, sondern im Jetzt zu leben.

Nehmen wir an, wir haben eine gewisse Menge an Energie zur Lösung unserer Aufgaben zur Verfügung. Sie wird in jedem Falle ausreichend sein, unsere Aufgabe zu lösen. Verwenden wir jedoch einen Teil darauf, in der Vergangenheit verhaftet zu sein, einen Teil darauf, die Zukunft vorausahnen zu wollen, und einen Teil auf die daraus entstehenden Empfindungen und Gefühle, so bleibt für die eigentliche Aufgabe deutlich weniger, als uns ursprünglich zur Verfügung stand. Ob das ausreichen wird, hängt dann davon ab, wie gut es uns gelingt, in Resonanz, in Verbindung mit unserem Ursprung zu kommen. Wir sind die im Äußeren begrenzte Manifestation des EINS, des grenzenlosen jenseits aller Namen und Begriffe.

Die Überlagerungen im Jetzt sind so vielgestaltig und das Wechselspiel mit den noch aus der Vergangenheit wirksamen Echos im allgemeinen so unübersichtlich, daß der Versuch all dies zu entwirren zum einen nur unvollständig gelingt und zum anderen wieder die Energie für das Jetzt mindert.

Sind wir zunächst auf der Ebene unserer Begrenzungen, gilt es, daß wir uns auf das **Jetzt** besinnen. Nehmen wir z.B. Erinnerungen, Verletzungen, Niederlagen aus der Vergangenheit, Ängste und daraus entstehende Begrenzungen hinsichtlich unserer

Zukunft in unseren gegenwärtigen Tag mit hinein, schmälern wir unsere Lösungsmöglichkeiten. Die zur Verfügung stehende Energie ist hinreichend zur Lösung der anstehenden Fragen. Anderenfalls verlieren wir nicht nur die Energie, die Gegenwart zu meistern, sondern vergrößern die Verluste dadurch, daß die ungelösten Fragen der Gegenwart stets als Echo aus der Vergangenheit wirksam bleiben und den Fortschritt in die gegenwärtige Zukunft aufhalten. Anders ist es, wenn wir uns über die Ebene der eigenen Begrenztheit erheben und in Resonanz mit unserem Ursprung, dem Ursprung der Schöpfung, der jenseits aller Namen, Begriffe und Beschreibungen liegt, kommen. Dann existiert nur noch das Jetzt. Wir sind in der zeitlosen Erkenntnis, in der Vergangenheit, Gegenwart und Zukunft eins sind.

Voller Achtung und Bewunderung für das Unbeschreibliche und seine Kraft können wir auf die Stimme unseres Herzens hören und begreifen, daß der Zeitgeist, wie wir ihn heute erleben, irregeleitet ist, glaubend, daß wir die Ursachen aller Dinge und Erkrankungen fassen und manipulieren könnten.
Als der Dalai-Lama einmal gefragt wurde, was er den Menschen zu sagen hätte, die glauben, daß ihre Erkrankungen durch seelisches oder spirituelles Fehlverhalten verursacht seien, antwortete er mit einem lauten Lachen: „Ich würde ihnen sagen, daß sie nicht so einfältig sein sollen. Ihr müßt auf die Genetik und auf die Umwelt genauso sehr achten wie auf die Einflüsse des Geistes auf den Körper. Wenn immer etwas Schlimmes in Eurem Leben passiert, ist es immer gut zu verstehen, in welcher Weise Ihr dazu beigetragen habt. Das aber heißt nicht, daß ihr Euch selbst anklagen sollt. Denn in einigen Fällen wird dort ein Beitrag von Euch sein und den anderen nicht.“ [63] (Bodian, 1990, S. 49) Ich denke, daß hier gemeint ist, „in einigen Fällen könnt Ihr Euren Beitrag, Eure Rolle im Ursachen-Wirkungsgefüge erkennen, und in anderen nicht – weil die Zusammenhänge viel zu komplex sind.“ Wir können uns bemühen, rational zu zergliedern, zu erfassen. Doch je mehr wir das Ganze und den Teil voneinander trennen, desto ferner sind wir von der Erfahrung des Einsseins. Aus dem Einssein heraus einzelne Aspekte der Erfahrung, der vermeintlichen Wirklichkeit, zu betrachten, eröffnet viele Erkenntnisse; die Untersuchung vieler Einzelheiten, wo eine Antwort stets neue Fragen aufwirft, und der Horizont so weit zurückweicht, wie wir voranschreiten, kann zur Ahnung und schließlich zum Einssein führen – der östliche und der westliche Weg?

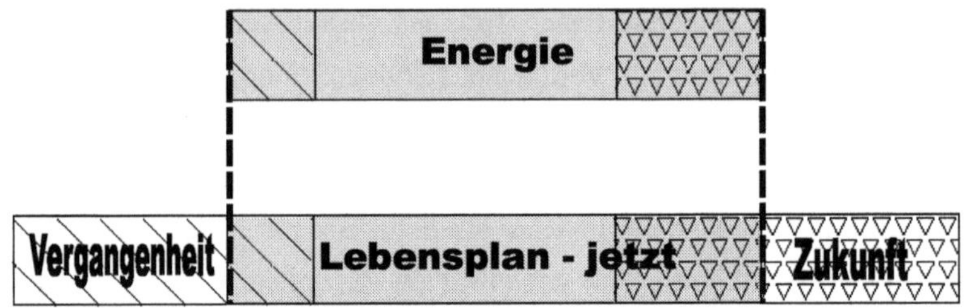

Handeln **im Jetzt**

„Denn sorge nicht für den morgigen Tag. Denn der morgige wird für das seine sorgen. Es ist genug, daß ein jeder Tag seine eigene Plage hat.“ (Mt 6,34)

„Meister, wer hat gesündigt, dieser oder seine Eltern, daß er blind geboren ist? Jesus antwortete: Es hat weder dieser gesündigt, noch seine Eltern, sondern es sollen die Werke offenbar werden an ihm. Ich muß wirken die Werke dessen, der mich gesandt hat, solange es Tag ist, es kommt die Nacht, da niemand wirken kann.“ (Johannes 9, 1-4)

Bewußt sein, das morphogenetische Feld, die Quantentheorie und das Konzept der implizierten Ordnung Ein erklärendes Modell, mit dem Sie beliebig experimentieren können.

Indem die moderne Wissenschafts- und Erkenntnistheorie in den Folgerungen aus der Quanten- und Feldtheorie die Einheit von Geist und Materie wiederentdeckt hat, hat sie gleichsam auch die Umkehrung von Ursache und Wirkung, die Vereinigung der Pole von Anfang und Ende vollzogen – aus dem Eins in das Eins.

Was mag die Ursache sein, daß lebende Formen einander ähnlich sind, daß wir aus einem Zweig einen Baum ziehen können und in der gleichen Erde die verschiedensten Pflanzen ihre Gestalt ausprägen, obwohl sie alle die gleiche

Nahrung erhalten? Nehmen Sie einen Blumentopf und stecken Sie einen Kirschkern hinein, einen Apfel- oder einen Feigenkern oder ein Getreidekorn. Hegen Sie und pflegen Sie und Sie werden das Wunder des Lebens vor sich erblühen sehen. Wenden wir uns dann dem Tierreich zu und **betrachten eine Gruppe im Vergleich mit einer anderen derselben Art**, so können wir aufregenderweise folgendes feststellen: **Wenn eine bestimmte, kritische Anzahl von Mitgliedern der ersten Gruppe ein bestimmtes Verhalten erlernt hat, können wir dies plötzlich auch bei den Mitgliedern der anderen Gruppe feststellen, obwohl es zwischen beiden Gruppen keine direkten Kontakte gegeben hatte**. Dort scheint etwas zu existieren, ein Informationsfeld, an das jedes Wesen angeschlossen ist, insbesondere Wesen der gleichen Art.

Der englische Biologe, **Rupert Scheldrake**, hat dieses von Raum und Zeit unabhängige Phänomen **morphogenetisches Feld** genannt. Kommt es zur morphischen Resonanz, entwickelt eine Seinsform Eigenschaften, die vorher an ihr nicht bemerkt werden konnten. Das gilt sowohl für das Wachstum von Kristallen als auch für das Verhalten von Tieren. Übertragen wir die Erkenntnis auf unsere menschliche Gemeinschaft, können wir erst ihre wirkliche Reichweite erkennen.

Mut und Größe können inspirieren, überspringen, anstecken. Doch viel öfter sind es Besorgnis, Angst und Panik, die verbreitet werden und sich ausbreiten. In immer mehr zunehmendem Maße sind es Verhaltens- und Persönlichkeitsstörungen, deren Ausbreitung geradezu explosiv zu sein scheint. Bisher haben wir immer die Reizüberflutung und Umweltbedingungen dafür verantwortlich gemacht. Wenn wir nun ein uns alle verbindendes Informationsfeld als wirksam erkennen müssen, sind wir aufgerufen, ganz intensiv an unserer eigenen Entwicklung, an unserem Bewußt-Sein zu arbeiten. **Spätestens zu diesem Zeitpunkt ist es dann auch unerläßlich, über die möglicherweise verheerenden Wirkungen arzneilicher Hilfsstoffe in Impfmitteln und über die Manipulation ganzer Volksgruppen, Völker und Völkergemeinschaften z.B. durch das Impfen nachzudenken.**

Wie auf nahezu jedem Impfstoff-Beipackzettel zu lesen ist, kann es in einzelnen, manchmal steht auch seltenen Fällen nach dem Impfen zum Auftreten neurologischer Krankheitsbilder kommen. Was aber ist selten? Wenn 1996 allein in Deutschland für ca. 559 Mill. DM Impfstoffe verkauft wurden – wieviele Hunderte, Tausende, Einhunderttausende oder gar Millionen kleiner, vermutlich meist unerkannter Veränderungen, wurden dadurch ausgelöst? **Was auch immer bei den Betroffenen ausgelöst wurde, es teilt sich der Gesamtheit mit, ob wir wollen oder nicht**. Seuchengleich gefährlich und hochansteckend mögen dem einen oder der anderen auch die Inhalte sovieler Fernseh- und Videopräsentationen scheinen, die geeignet sind, die Betrachter von der Erkenntnis ihres Ursprungs abzulenken und sie **anfällig machen für praktisch jede Art der Manipulation** – nicht sofort, nicht über Nacht, jedoch in kleinen Schritten, wohin auch immer man sie haben will.

Seit der Pfarrer Johann Gregor Mendel (1822 – 1884) nach mehr als 8-jähriger Arbeit mit mehr als 10.000 Erbsen-Kreuzungsversuchen, die später nach ihm als Mendel'sche Gesetze bezeichneten Erbgesetze, die Regeln, nach denen Gattungsmerkmale an die nachfolgenden Generationen weitergegeben werden, formuliert hatte, war die Basis des heutigen Verständnisses der medizinischen Genetik gelegt. Das aber nicht nur Haar- und Augenfarbe und andere körperliche Merkmale vererbbar sein könnten, hatte Antoine de Lamarck (1744 – 1829), ein französischer Biologe, geäußert.
Die Frage, vor der jedoch auch die heutigen „Wissenschaftler" stehen, ist die, wie ein erlerntes Verhalten, das nach der mechanistischen Theorie ausschließlich Folge einer biochemischen Veränderungen im Nervensystem darstellt bzw. von biochemischen Veränderungen im Nervensystem begleitet und erhalten wird, wie also ein erlerntes Verhalten in der Lage sein sollte, stoffliche Veränderungen an den Chromosomen, also auf der Ebene der DNS-Struktur zu bewirken. Eine besondere Herausforderung ist dabei, daß die Eizellen bereits zum Zeitpunkt der Geburt angelegt sind und nur noch Mondzyklus begleitend reifen. Genau genommen sind auch die Stammzellen der Samenzellen mit ihrem eindeutigen Chromosomensatz bereits vorhanden, nur mit dem Unterschied, daß die Ausformung erst mit der Pubertät einsetzt.

Wenn es aber stimmt, daß typische Verhaltensweisen, Reaktionsweisen von der einen an die nachfolgende Generation weitergegeben werden, so ist das zuvor über das Impfen und die Medienkultur Gesagte eventuell gleichsam der Anfang einer Lawine. Jede folgende Generation hat zugleich die Altlasten der vorangehenden Generationen zu tragen – biologisch mit der Folge sich sehr schnell vermehrender **Anfälligkeit für allerlei funktionelle und chronische Erkrankungen, wie z.B. des**

atopischen Formenkreises, Neurodermitis und allergisches Asthma, sowie Heuschnupfen und viele andere als **auch psychopathologisch im Sinne zunehmender Neigung zu Depression und allerlei Formen der geistigen Verwirrtheit bis hin zu totalen geistigen Dissoziation, die zwischen Phantasie und Wirklichkeit nicht mehr zu unterscheiden vermag.** Die Zukunft wird uns darüber einiges lehren.

Im Jahre 1920 hatte an der Harvard University W. McDougall einen Versuch unternommen, bei dem er mittels elektrischer Schläge Ratten lehrte, daß sie der Pein nicht durch den hell erleuchteten, sondern durch den dunklen Ausgang entkommen konnten. Dabei wurde das **Lernverhalten der Ratten über mehr als 32 Rattengenerationen beobachtet**, während man, um einen systematischen Fehler zu vermeiden, die Auswahl der zur Weiterzucht verwendeten Ratten unabhängig von deren Lernfähigkeit getroffen hatte. Aus den gewonnenen Daten geht klar hervor, daß die Ratten von Generation zu Generation schneller lernten. Die Versuche wurden 1954 nach heftigen Kontroversen abgebrochen, da sie die mechanistische Theorie zu stürzen drohten. [64] (Schmieke, 1997; 197-98)

Eine ähnliche Beobachtung wird aus Großbritannien vorgetragen, wo man am Verhalten von Schafen einen interessanten Wandel entdeckte. In vielen Gebieten werden Gitter von Metallrollen vor die Einfahrt zu den Weideflächen gelegt, damit die Tiere nicht entkommen können, obwohl es keine Tore gibt. Der landwirtschaftliche Verkehr kann darüber hinfahren, während die Schafe auf dem Feld bleiben, da sie die Unsicherheit der Rollen meiden. Nachdem das jahrelang gut ging, hat man schließlich beobachtet, daß einige Schafe sich auf die Rollen legten, dann über das Gitter rollten und auf diese Weise aus ihrem Feld ausbrachen. Kaum, daß die ersten derartigen Beobachtungen beschrieben wurden, wurde ein ähnliches Verhalten auch in anderen Teilen des Landes bemerkt. [65] (Peat, 1992, S.191)

Eine dritte derartige Merkwürdigkeit will ich Ihnen nicht vorenthalten. Blaumeisen sind kleine Vögel mit blauen Köpfen. 1921, als in Southampton, England, die Milch noch in Flaschen vor die Haustüren ausgeliefert wurde, begannen die Blaumeisen irgendwann den Pappverschluß aufzupicken und den Rahm aus den Flaschen abzutrinken. Es dauerte nicht lange, da wurde dieses Verhalten in ganz England beobachtet. Das allein ist noch nicht sehr erstaunlich. Überraschend jedoch ist, daß sich dieses Verhalten in die skandinavischen Länder und in die Niederlande ausbreitete. Skeptiker haben eingewandt, daß einige Vögel die große Distanz fliegend überwunden und das Verhalten übertragen hätten. Als aber die Niederlande von den deutschen Armeen besetzt waren, wurde die Auslieferung der Milch bis 1948 unterbrochen. Diese Vögel leben aber nur 2 oder 3 Jahre. Das heißt, diejenigen, die über diese Technik Bescheid wußten, waren bis Nachkriegsende bestimmt ausgestorben und hatten in Ermangelung von Milchflaschen auch keine Gelegenheit, diese Technik ihren Jungen zu lehren. Als aber 1948 die Milchauslieferung wieder aufgenommen wurde, tauchte das Verhaltensmuster bei den Blaumeisen sofort wieder auf. Innerhalb eines Jahres hatte sich das Verhaltensmuster wieder durch Europa verbreitet. Auch diese Beobachtung würde C.G. Jungs Modell eines kollektiven Unterbewußten und eines kollektiven Gedächtnisses unterstützen. [66] (Clapp, 1997, S. 4)

Da diese gestaltbildenden Informationsfelder auch bei Kristallisationsversuchen beobachtet wurden, hat Rupert Scheldrake folgende Hypothese der morphogenetischen Felder formuliert:

1. Morphogenetische Felder spielen bei der Bildung und Aufrechterhaltung von Strukturen auf allen Ebenen der Komplexität eine wesentliche Rolle und lassen sich nicht auf die bisher bekannten physikalischen Felder zurückführen. Sie wirken gleicherweise auf subatomare Teilchen, Atome, Moleküle, Kristalle, quasi kristalline Aggregate, Zellorganellen, Zellen, Organe, Organismen und daraus resultierende Gemeinschaften.

2. Im *Feld* enthalten ist die Information der *morphischen Einheit*. Die Information führt zur Positionsfindung der Komponenten.

3. Die Entwicklung der endgültigen Gestalt, die der Information des Feldes entspricht, kann über mehrere verschiedene Zwischenstufen vor sich gehen, deren Aufeinanderfolgen ebenfalls Teil der Information des Feldes ist.

4. Die Komponenten, an denen das Feld wirkt, stehen mit dem Feld und über das Feld untereinander in Verbindung und Wechselbeziehung, wechselwirken aufeinander.

5. Alle vergangenen Systeme beeinflussen die folgenden durch *morphische Resonanz*. Diese ist umso größer, je ähnlicher die Systeme in ihren dimensionalen Strukturen einander sind. Die morphische Resonanz wird nicht durch räumliche oder zeitliche Distanz geschwächt, sondern verstärkt sich wie bei anderen resonanten Systemen mit der Anzahl der an der Resonanz beteiligten Komponenten. [67] (Schmieke, 1997, S. 198-199)

6. Aufgrund der großen Bedeutung wurde das Rattenexperiment von McDougalls von zwei Australiern, F.A.E. Crew und W.E. Agar wiederholt. W.E. Agar schreibt: „Dies ist der letzte Bericht eines Versuchs von 20 Jahren Dauer, in welchen wir die bekannten Versuche von William McDougalls wiederholten, um festzustellen, ob Lamarck'sches Lernverhalten bei Ratten gegeben ist. Unsere Versuche bestätigten McDougall in der Weise, daß auch wir eine Verbesserung der Lerngeschwindigkeit über längere Zeiträume feststellten. Wir fanden jedoch, daß dieser Effekt nicht anhielt. **Außerdem konnten wir in einem Kontrollversuch bemerken, daß die Verbesserung der Lerngeschwindigkeit auch bei untrainierten Ratten festzustellen ist**. Dadurch wird jedoch eine Lamarck'sche Interpretation ausgeschlossen. Während der ganzen Dauer des Versuches war die Übereinstimmung der Ergebnisse zwischen den trainierten und den untrainierten Kontrolltieren überraschend, wobei für die letzteren Generationen die untrainierten sogar bessere Ergebnisse zeigten als die trainierten." [68] (Schmieke, 1997, S. 20)

Wie so oft wird die Wahrheit in der Mitte liegen. Eine der Grundlagen der biologischen Erhaltung der Art bleibt die Vererbungslehre. Es ist gut denkbar, daß auch Verhaltensweisen auf diese Art und Weise weitergegeben werden können. Die Übertragung auf räumlich getrennte Wesen ist leicht mit der Existenz informationsübertragender Felder erklärbar.

Das Gesetz wie Oben, so Unten, wie im Großen so im Kleinen, ist vielen von Ihnen schon einmal begegnet. Es wird den Lehren des Hermes Trismegistos zugeschrieben. Mit der Entwicklung der Computertechnik und der mathematischen Theorien gelangte man zur Entdeckung der Selbstähnlichkeiten, der Tatsache, daß Form und Muster sich in den Schöpfungen der Natur immer wiederholten. Das gilt für die Struktur von Elementen und Molekülen, für Polymere genauso wie für die Formen bei den Schneeflocken und die Verzweigungen von Ästen und Blutadern. Der Mathematiker **Benoit Mandelbrot** gab diesem Phänomen, an dessen mathematischer Erforschung und Darstellung er großen Anteil hat, den Namen „Fraktal". „Ob man die fingerdicke Aorta betrachtet oder die feinsten Äderchen, die die Blutkörperchen nur noch einzeln passieren lassen – das Verzweigungsschema ist ähnlich wie bei Baumzweigen, im Prinzip auf jeder Hierarchieebene dasselbe. Fraktale Muster kennen keine Größenordnung – vom Größten zum Kleinsten erstreckt sich ein sich selbst reproduzierendes Kontinuum, beschrieben durch ein fraktales Prinzip. ... Aber auch dem Normalsterblichen begegnen heute immer öfter Fraktale. Landschaften, Wolken und Ozeane in Computergrafiken werden mit fraktalen Algorithmen erzeugt. Richard Voss und Robert Musgrave, Kollegen von Mandelbrot am IBM-Forschungszentrum, entwickelten fast natürlich aussehende Bilder von Landschaften und Planeten. Das zugrundeliegende Prinzip ist wieder die Iteration (Selbstwiederholung[9]): Einfache Regeln, deren wiederholte Anwendung zu komplizierten Formen führen." [69] (Breuer, 1993, S. 62-63)

Durch die Erkenntnis der sich stets wiederholenden, einfachen Regeln, deren Wiederholung zu kompliziertesten Formen führt, wurde es möglich, die Formenvielfalt der Natur in vielen Fällen mathematisch zu fassen und dadurch die Datenmenge, die zu ihrer Beschreibung oder Übermittlung notwendig ist, z.B. bis auf ein Zehntausendstel des ursprünglichen Wertes zu reduzieren.

Für uns ist es insofern von Bedeutung, **weil es die Erklärung bietet, wie die Veränderung eines kleinen Teiles auf das gesamte Bild wirken wird**. Das kollektive Unterbewußtsein, das morphogenetische Feld, das individuelle Unterbewußtsein, fraktale Ebenen? Wie anders, wenn nicht durch eine gemeinsame Verbindung sollten die Millionen Zellen, die jeden Tag in einem menschlichen Körper

[9] Ergänzung durch den Verfasser.

entstehen und zugrundegehen, miteinander kommunizieren? Wie anders sollten sie erfahren, wo, wann und bis zu welchem Ausmaß sie zu wachsen haben?

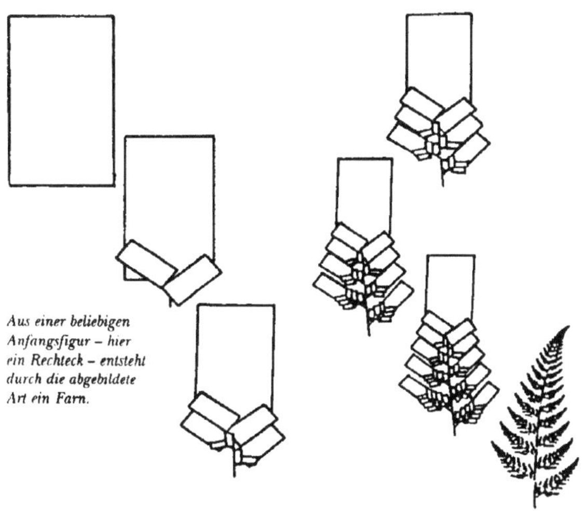

nach Breuer, R.; Der Flügelschlag des Schmetterlings

Die Hamilton-Jacobi-Theorie geht davon aus, daß alle Materie aus einer komplexen Überschneidung von Wellenbewegungen aufgebaut ist, so daß der Weg eines einzelnen Teilchens das Ergebnis aller Wellenabläufe in ihrer Gesamtheit darstellt. [70] (Peat, 1992, S. 193) Daraus können wir folgern, daß Energie und Materie unterschiedlich dichte Manifestationen, unterschiedliche Phasen derselben Ursache sind, und daß die Unterschiede in der Materie als das Ergebnis sehr komplexer Überlagerungen aufgefaßt werden können.

David Bohm – Information und Ordnung

Bei seiner Interpretation der Quantentheorie geht David Bohm davon aus, daß die Elementarteilchen nicht allein die Doppelnatur von Welle und Teilchen haben, sondern daß ihnen darüber hinaus **ein *Quantenpotential*** zu eigen ist, **das im Gegensatz zu den anderen Naturkräften in seiner Wirkung trotz zunehmender Entfernung nicht abnehme**. Im Unterschied zu den bekannten Kräften **wirke** es **nicht durch Impulsübertragung**, **sondern durch Information**, ähnlich einem

Radarsignal, das im Vergleich zur Energiemenge, die das Schiff vorantreibt, eine minimale Energie hat, jedoch über die Information, die dem Schiffsführer dadurch zugeht, eine entscheidende Wirkung auf den Kurs des Schiffes ausüben kann.

„In einem ähnliche Sinne enthält das Quantenpotential Informationen über das Umfeld des Quantenteilchens und informiert und beeinflußt seine Bewegung. Da die Information innerhalb des Potentials sehr detailliert ist, ist die sich daraus ergebende Bahn so extrem komplex, daß sie als völlig chaotisch und nicht vorherbestimmt erscheint. Der Grund für den Indeterminismus der Quantenvorgänge liegt daher in der komplexen Natur des Quantenpotentials. Hinzu kommt, daß es generell nicht möglich ist, ein Quantensystem und sein Umfeld analytisch aufzuteilen, da die Wirkung dieses Quantenpotentials mit zunehmender Entfernung nicht abnimmt. Das System muß vielmehr als ein Ganzes behandelt werden, das durch aktive Information im Quantenpotential geleitet und geformt wird... Diese neuartigen Merkmale sind noch deutlicher in der fortgeschrittenen Quantenfeldversion dieser Theorie zu erkennen. **Hier werden die Elementarteilchen zur Manifestation eines Quantenfeldes.** Dies erinnert wieder an die Hamilton-Jacobi-Theorie, in der die Materie und all ihre Bewegungen durch ihnen zugrundeliegende Wellenbewegungen erzeugt werden.
In der Hamilton-Jacobi-Theorie ergibt eine Anhäufung von kleinen Wellen in einem engen Raumbereich den Anschein eines materiellen Teilchens. All diese kleinen Wellen entfalten sich ständig aus der allgemeinen Wellenbewegung ihres Hintergrundes wie eine große Wasserwelle, die durch die Gesamtbewegung des Ozeans erzeugt wird. So bringt ein ständiger Vorgang des sich-Einfaltens und des sich-Entfaltens ein Objekt hervor, das alle Eigenschaften eines mechanischen Teilchens besitzt, welches sich auf einer vorbestimmten Bahn durch den Raum bewegt. In einem in etwa analogen Sinne entstehen die Elementarteilchen aus einem umfassenden Quantenfeld. Nach der kausalen Interpretation wird das Einfalten und das Entfalten dieses Feldes durch ein Supraquantenpotential gelenkt oder informiert. So spielt die Information wieder eine aktive Rolle, indem sie nicht nur Quantenprozesse auslöst, sondern auch die Elementarteilchen selbst hervorbringt.
Aktive Information ist verantwortlich für die Weise, auf die sich Quantenvorgänge aus dem Quantenfeld des Universums entfalten. Aus diesem Grunde ist es klar, daß die

innere Struktur der Elementarpartikel von unbegrenzter Komplexität sein kann, denn sie sind letzten Endes ein Ausdruck des gesamten Universums.
Es gibt keinen Grund anzunehmen, daß diese Strukturen auf der Ebene des Supraquantenpotentials enden und sich nicht auf weitere Ebenen der Subtilität erstrecken. Wenn dies so ist, dann würde eine Ebene, die in einem bestimmten Zusammenhang als Form eines materiellen Prozesses aufgefaßt würde, in einem weiteren Zusammenhang als Ebene aktiver Information verstanden werden. Diese Informationsebene würde ihre Form aktiver Aktivität wiederum aus benachbarten Ebenen subtiler materieller Vorgänge gewinnen. **Auf diese Weise kann sich eine Hierarchie von überlappenden Ebenen, ja sogar von Rückkopplungsschleifen, endlos ausdehnen.** Diese Überlegungen lassen vermuten, daß die gegenwärtig bekannten Quantenprozesse nicht die letzten Ebenen der Materie darstellen, und daß künftige Experimente noch viel subtilere Formen des Verhaltens innerhalb der Natur enthüllen werden.

Diese Gedanken lassen sich in allgemeiner Form mit Hilfe von Bohms Konzept der *impliziten* oder eingefalteten Ordnung darstellen. In der Quantenfeldversion der kausalen Interpretation wird ein Elementarteilchen als die Manifestation eines ihm zugrundeliegenden Quantenfeldes angesehen. Dieses Teilchen stellt daher die Einfaltung des Feldes in einem örtlich abgegrenzten Bereich dar; gleichermaßen ist die Vernichtung des Teilchens die Entfaltung zurück in das Feld. So kann man sich die komplexen Reaktionen von Elementarteilchen als Einfaltungen und Ausfaltungen innerhalb eines dynamischen Hintergrundes vorstellen. Bohm nimmt an, daß diese implizite Ordnung mit dem Vorgang des Einfaltens und Ausfaltens charakteristisch für die gesamte Realität ist. Tatsächlich reicht die implizite Ordnung über die besonderen Annahmen und Details der kausalen Interpretation hinaus und beschreibt nicht allein die innere Struktur der Materie, sondern auch die des Geistes und der Gesellschaft... Die explizite Ordnung entspricht der Naturanschauung von Newton, in der die Wege der festen Körper durch örtliche Wechselwirkungen bestimmt werden und in der die meisten Grenzen ziemlich klar zu unterscheiden sind... In dieser expliziten Ordnung stehen die Körper sich äußerlich getrennt gegenüber und interagieren durch lokale Kräfte. Im Gegensatz dazu falten sich die Strukturen in der impliziten Ordnung gegenseitig ein, so daß eine Struktur für die andere gleichzeitig innerhalb und äußerlich sein kann. Da sich alle Formen aus dem

selben Grunde entfalten, ist es nicht nötig, die Anwesenheit von Kräften zwischen ihnen zu fordern, denn ihre gesamte Dynamik ist eine Funktion der impliziten Ordnung, welche sich zur expliziten Form entfaltet...
Das Bewußtsein im allgemeinen steht der impliziten Ordnung sehr viel näher als der mechanischen Ordnung der Aufeinanderfolge... Ein Gedanke scheint vielmehr aus dem anderen zu fließen. Ein Gedanke formt sich im Bewußtsein und kann durch viele verschiedene Assoziationen und Gefühle angereichert werden. Er kann sich dann in einen anderen verwandten Gedanken auflösen, oder der Geist kann sich plötzlich auf etwas stürzen, was auf den ersten Blick ohne Beziehung zu diesem Gedanken steht, aber bei genauer Nachprüfung dennoch eine subtile Verbindung zu ihm hat. Die Ordndung der Gedankenbewegung ist daher viel enger mit den impliziten/expliziten Einfaltungen verwandt als irgendeiner mechanischen Abfolge. Dies ist besonders klar bei Träumen zu erkennen, wo die Kontrolle durch die „Logik" oder „Vernunft" nicht so deutlich ist. In den Träumen kann sich ein Bild entfalten, über den Traum dahingleiten und dabei eine Vielzahl anderer Bilder enthüllen, die in ihm eingefaltet sind. So wie zu den Vorgängen der impliziten Ordnung die Vorstellung eines Raumes gehört, in dem Gegenstände in Relation zueinander gleichzeitig innerhalb und außerhalb sind, so sind die Bilder eines Traumes alle ineinander enthalten und stehen in einem ständigen Prozeß der Umwandlung und Entfaltung.
In diesem Sinne sind unsere Gedanken daher die expliziten Formen, die durch die zugrundeliegenden Bewegungen der impliziten Ordnungen des Geistes hervorgebracht werden. **Wie der Strudel in einem Fluß oder das Soliton in einem nicht linearen Feld besitzen Gedanken keine absolute, unabhängige Existenz aus sich selbst, sondern werden ständig durch ihnen zugrundeliegende Vorgänge ihres Urgrundes getragen.** Letztlich verschmilzt die Bewegung des Geistes mit der der Materie, so daß beide nicht als zwei unterschiedliche Aspekte der Natur angesehen werden sollten.
In ähnlicher Weise könnte sich auch der Geist des einzelnen Menschen aus dem einen Urgrund herausbilden. Er zeigt eine relativ stabile Form, eine Identität sozusagen, innerhalb des darunter liegenden Urgrundes. Es sieht also so aus, als ob die Geister der einzelnen Menschen einen gemeinsamen oder kollektiven Ursprung haben, der etwas mit dem Ursprung der Materie gemeinsam hat. Geist kann daher auf Geist einwirken, so wie Geist und Materie einen Einfluß aufeinander haben. Dies sollte allerdings nicht als eine Art kausale *Interaktion* aufgefaßt werden, denn die

Geister einzelner Personen sind genauso wenig grundlegend voneinander getrennt wie Geist und Materie. Sie stellen einfach die expliziten Formen dar, die aus einer gemeinsamen schöpferischen Ordnung zum Vorschein kommen... Während z.B. das Gedächtnis innerhalb des Gehirns in einer irgendwie verteilten oder impliziten Form gespeichert zu sein scheint, wirkt es auch als Quelle von expliziten. Gedanken, die aus einem festgefügten Gedächtnis heraus wirken, neigen dazu, ihrem Wesen nach mechanischer zu sein und durch relativ feststehende, explizite Formen der Erinnerung ausgelöst zu werden. So können relativ stabile, explizite Formen, die mit der eigenen Persönlichkeit und all ihren Erinnerungen identifiziert werden, im Bewußtsein festgehalten werden... Auf die gleiche Weise wird Zeit im Grunde im Bewußtsein durch das Auftauchen relativ feststehender mechanischer Reaktionen vor dem Hintergrund eines ständigen Fließens erzeugt. Zeit ist deshalb eine Schöpfung des Geistes, die auf die Vorgänge der Natur projiziert werden kann. Ihr Ursprung liegt in den expliziten Formen, die durch die impliziten Ordnungen des Denkens hervorgebracht werden...

Da Geist und Materie aus einem gemeinsamen Ordnungsspektrum entstehen, ist es klar, daß ihre angenommene Dualität in Wahrheit eine Illusion ist, die dadurch entstanden ist, daß man sich nur auf die mechanischen Aspekte der Materie und auf die nicht-faßbare Qualität des Geistes konzentriert hat.

Es ist möglich, diesen Gedanken einer impliziten Ordnung noch zu erweitern, ihn auf eine zweite implizite Ordnung auszudehnen und vorzuschlagen, daß die gesamte Bewegung noch tiefer eingefaltete Schichten enthält und sogar noch subtilere Organisationsebenen. Wir haben gesehen, daß sich die expliziten Formen der Natur aus einer impliziten Ordnung entfalten; aber dies eröffnet die Möglichkeit, daß die Dynamik und Strukturierung der impliziten Ordnung selbst wiederum aus einer tiefer liegenden, zweiten impliziten Ordnung hervorgehen. Diese Strukturen und Beziehungen der expliziten Ordnung können wiederum Informationen für diese zweite implizite Ordnung darstellen, so daß eine Rückkopplungsschleife oder eine zyklische Beziehung entsteht. ... **Das ganze Universum ist gewissermaßen in jedes Individuum und jeden Bereich des Raumes eingefaltet** Das Wesen dieser Realität kann somit dadurch erfaßt werden, daß man entweder nach außen zu den expliziten Formen (die Informationen an die zweite implizite Ordnung zurückgeben) ausgreift oder sich nach innen der impliziten Ordnung selbst zuwendet. ...

Dieses Bild der materiellen Welt, die sich aus zugrundeliegenden impliziten Ebenen entfaltet, mag auch auf das Gehirn anwendbar sein. Die expliziten Ebenen könnte man als spezifische elektrochemische Prozesse beschreiben, die innerhalb der Struktur des Gehirns stattfinden. Diese Vorgänge aber tragen wiederum Information und haben eine bestimmte Bedeutung. In diesem Sinne können sie auch die Rolle aktiver Information für andere neurale Prozesse spielen. Tiefere, zweit-implizite und noch weitergehende Schichten werden zur Entfaltung aktiver Information innerhalb der neuralen Prozesse führen und können ihrerseits wiederum durch diese bedingt oder informiert werden. So entsteht eine Reihe von ineinandergreifender Ebenen der Bedeutung, der Information und elektrochemischer Vorgänge. Was in einem Zusammenhang wie ein materieller Prozeß, wenn auch von erheblicher Subtilität, aussieht, erscheint in einem anderen Zusammenhang als eine Form aktiver Information. In gleicher Weise wird sich der formative geistige Prozeß aus einer anderen Perspektive als ein elektrochemischer oder noch subtilerer Prozeß im Gehirn darstellen.

Auf diese Weise besitzen Geist und Gehirn die Struktur einer Vielfalt oder eines geistigen Überlappens von Prozessen, von denen jeder duale Aspekte besitzt, die sich vom relativ Mechanischen bis zum außerordentlich Subtilen erstrecken. Das Materielle und das Geistige, Körper und Seele gehören nicht länger verschiedenen Ordnungen der Erfahrung an, sondern werden die beiden Seiten einer einzigen Münze. Auf ihrem Grund verschmelzen sie in eine Reihe wechselwirkender Schichten und wenn sie sich entfalten, sehen sie – wo sie sich am weitesten voneinander entfernen – wie grobe Materie und subtiler Geist aus...

Wenn zwei Menschen in ein Gespräch vertieft sind, ist ein ständiger Fluß von wirkendem Sinn vorhanden. Dieser Sinn bewirkt sehr feine Umwandlungen innerhalb des Gehirns, die ihrerseits Auswirkungen auf Gedanken und Handlungen haben. Deshalb entfaltet sich das Gehirn in jedem Augenblick strukturell aus einem Hintergrund aktiver Information, die sowohl in seiner eigenen Struktur als auch in der äußeren Umgebung vorhanden ist. Das ewig neue Gehirn wiederum wirkt auf die Umgebung zurück, verändert sie und schafft eine neue „Realität". Diese Realität wird durch einen ständigen Prozeß der Formung und Information natürlich wieder auf das Gehirn zurück wirken." [71] (Peat, 1992, S. 195-206)

„Das gesamte holographische Lebensfeld des Universums besteht aus einer hierarchischen Struktur individueller Lebensfelder, die jeweils wieder eine weitere hierarchische holographische Struktur von Lebensfeldern umfassen. Jedes einzelne Lebensfeld stellt einen komplexen Zusammenhang dynamischer Prozesse dar. Im jeweils übergeordneten Lebensfeld werden die einzelnen unzähligen untergeordneten Lebensfelder in ein strukturiertes Beziehungsmuster gestellt, das die Resonanz der einzelnen Lebensfelder und die Qualität, Richtung und Stärke der Resonanz durch die geistige Qualität der einzelnen Beziehungen reguliert." [72] (Schmieke, 1997, S. 190)

„Diese **Resonanz kann** in dem überräumlichen Aspekt des Lebensfeldes, der von räumlicher Repräsentation unabhängig existiert, **durch bewußte geistige Verbindung hergestellt werden**. Ohne daß eine solche Resonanz auf geistigem Wege hergestellt wird, ist uns die immer gegenwärtige Information der übergeordneten Seinsebene nicht zugänglich. **Nur wenn der Geist sich auf das Wesen der Dinge einstellt, kann er die tiefere Bedeutung des Daseins erfassen.** Er muß die geeigneten Fragen stellen und auf die Antworten vorbereitet sein, indem er sich bewußt auf den Sender der Information einstellt. [73] (Schmieke, 1997, S. 206)

„Ich werde Dir jetzt das Erkennbare erklären, bei dessen Erkenntnis Du das Ewige kosten wirst. Es ist anfanglos und mir untergeordnet. Man nennt es Brahman oder die spirituelle Natur, und es liegt jenseits der Ursache und Wirkung dieser materiellen Welt.

Überall sind die Hände, Beine, Augen und Gesichter des Herrn und er hört alles. Auf diese Weise existiert die Überseele.

Die Überseele ist die ursprüngliche Quelle aller Sinne und doch ist sie ohne Sinne. Der Herr ist unangehaftet, obwohl er der Erhalter aller Lebewesen ist. Er steht in transzendentaler Stellung zu den Erscheinungsweisen der Natur, und zugleich ist er der Herr aller Erscheinungsweisen der materiellen Natur.

Der Herr, die höchste Wahrheit, existiert sowohl innerhalb als auch außerhalb – im sich Bewegenden und im sich-nicht-Bewegenden. Es ist nicht möglich, ihn durch materielle Sinne zu sehen oder zu erkennen. Obwohl weit, weit entfernt, ist er allem auch nah.

Obwohl der Herr, die Überseele, in viele aufgeteilt zu sein scheint, ist er niemals geteilt. Er ist einer. Obwohl er der Erhalter aller Lebewesen ist, muß man verstehen, daß er sie alle verschlingt und entwickelt.

Er ist die Lichtquelle in allen leuchtenden Gegenständen. Er befindet sich jenseits der Dunkelheit der Materie und ist unmanifestiert. Er ist Wissen, er ist der Gegenstand des Wissens und er ist das Ziel des Wissens. Er weilt im Herzen eines jeden.

Somit habe ich das Feld der Tätigkeiten, Wissen und das Erkennbare zusammenfassend beschrieben. Nur meine Geweihten können dies genau verstehen und meine Natur erreichen.

Man sollte verstehen, daß die materielle Natur und die Lebewesen anfanglos sind. Ihre Umwandlung und die Erscheinungsweisen der Materie sind Produkte der materiellen Natur." [74] (Bhagvad-Gita, 13. Kapitel, Vers 13-20)

Homöopathie und Quantenmechanik ein Modell fürs Leben[10]

Es bedarf der gleichen Energie, nach rechts zu gehen oder links,
nach vorn zu gehen oder zurück,
in Angst zu leben oder Zuversicht,
zu Tadel oder zu Lob,
zu fluchten oder zu preisen.

Das eine ist ein Strudel, der in die Tiefe führt,
das andere der Weg in den Himmel.

Wieso sollte Homöopathie funktionieren, wenn ab der C12 oder der D24 praktisch keine Substanz außer dem Lösungsmittel vorhanden ist? [75] Berezin, 1990, diskutierte die Möglichkeit, daß durch die Lösung eines bestimmten Stoffes z.B. im Wasser-Alkohol-Gemisch ein bestimmtes Verhältnis an Wasserisotopen gebunden werden könnte. Das **Isotopenverhältnis,** das dem Charakter der gelösten Substanz entsprechen würde, könnte sich über den Potenzierungsvorgang weiter fortpflanzen

[10] Enthalten in meinem Buch „Skizzen zu Homöopathie"

und entspräche der spezifischen Information, die schließlich zur Wirkung käme. Ein anderes Lösungsmodell stammt von Anagnostatos [76],[77], [78] (1991, 1994, 1995). In einem Lösungsmittel, z.B. in Wasser, bilden die Wasseratome um den gelösten Stoff **kugelähnliche, räumliche Strukturen, Klathrate**. Diese Zusammenballungen von Atomen, kleine Cluster, kopieren in ihrer Gestalt die Charakteristik der gelösten Substanz. Selbst wenn die ursprünglich gelösten Moleküle durch den Potenzierungsvorgang ausgeschwemmt sind, können die Klathrate zum Muster für neue Klathratbildungen werden. [79] Matsumoto (1995) diskutiert die Theorie, „Die Wirkung homöopathischer Arzneien könnte durch Klathrate vermittelt bestimmte Zellrezeptoren aktivieren, die dann in der Folge die entsprechenden biomolekularen Wirkungsketten auslösten, die zur Heilungsreaktionen führten."

Es bleibt zu überlegen, ob es darüber hinaus Modelle gibt, die über die Grundlage der Kausalität, deren drei Bedingungen das zeitliche Vorausgehen der Ursache, die räumliche Nachbarschaft von Ursache und Wirkung und die Regelmäßigkeit der Abfolge von Ursache und Wirkung sind. Auf die Homöopathie angewandt bedeutet das die Suche nach einer Erklärung, die nicht von dem Einwand betroffen ist, daß etwas, das in der homöopathischen Lösung einst enthalten war, jetzt, da es aufgrund der hohen Verdünnung nicht mehr enthalten ist, keine Rolle mehr spielen könne, es sei denn es wären noch Entsprechungen im Isotopenverhältnis oder in den Klathraten vorhanden. Es gibt in der Tat ein Erklärungsmodell, das solches leistet. Es ist ein Konzept, daß sich aus der Quantenmechanik ableitet. Gegenwärtig handelt es sich mehr um einen Erklärungsversuch als um eine formale Theorie, doch die Analogie ist verblüffend: „Die Physik, die Newton inauguriert hatte und die nach ihm ausformuliert wurde, hatte zum ersten Mal in der Geschichte der Wissenschaften die Möglichkeit eröffnet, Bahnen und damit zukünftige Orte von Körpern vorherzusagen, wenn man einmal von den relativ präzisen Aussagen der ptolemäischen Astronomie absieht, die nur für die erdnahen Planeten gilt [80] (Oeser, 1979). Verbunden mit dem grundlegenden Postulat des Atomismus, demzufolge Materie aus kleinen Teilen zusammengesetzt ist, resultiert aus dieser Art der Physik eine prinzipielle Determiniertheit der Welt und all ihrer Abläufe. Während im Newton'schen Modell ein Nichtwissen lediglich faktisch ist, welches durch genauere Kenntnis der Anfangsbedingungen auflösbar und in Wissen überführbar ist, zeigt die Quantenmechanik, daß unser Wissen (auf dieser Seinsebene[11]) prinzipielle Grenzen

[11] Ergänzung durch den Verfasser.

hat. Dadurch, daß auf sehr elementarem Niveau stochastische Prozesse angenommen werden, ergibt sich aus der Quantenmechanik die generelle Nichtdeterminiertheit einzelner Ereignisse. Erst aus der statistischen Mitteilung vieler Ereignisse ergibt sich so etwas wie makroskopische Regelmäßigkeit.
Grundlegend für diesen Sachverhalt ist die Heisenberg'sche Unschärferelation, die ausdrückt, daß wir zwei Eigenschaften eines Teilchens nur mit begrenzter Genauigkeit gleichzeitig wissen können. Wir können an einem Teilchen zwar den Ort genau ermitteln, verlieren dann aber die scharfe Kenntnis seines Impulses oder umgekehrt. ... Bekannt ist dieses Phänomen als Komplimentarität von Teilchen und Welle. Einstein, dem die Quantenmechanik wegen ihrer prinzipiellen stochastischen Natur zuwider war, brachte nun zusammen mit seinen Kollegen Podolsky und Rosen ein Gedankenexperiment vor, welches berühmt wurde, das sogenannte **Einstein-Podolsky-Rosen-Paradox**. Aus dem Formalismus der Quantenmechanik folgt folgende Situation: Wenn man eine Strahlungsquelle Zwillingsteilchen ausstrahlen läßt, also Teilchen, die zum gleichen Zeitpunkt in entgegengesetzte Richtung abgestrahlt werden, so behandelt die Quantenmechanik diese beiden mit Lichtgeschwindigkeit auseinanderstrebenden Teilchen als ein einziges System. Dieses System ist korreliert. Messe ich an einem Teilchen eine Quanteneigenschaft, z.B. den Spin, dann weiß ich im selben Moment, welches Ereignis an einem Detektor gemessen wird, der zur gleichen Zeit das andere Teilchen mißt. Das aber bedeutet, daß die beiden Teilchen miteinander in Verbindung sind und sich so verhalten, als würden Signale zwischen ihnen ausgetauscht. Die beiden Teilchen verhalten sich laut Quantenmechanik eben nicht unabhängig, sondern verbunden, „entangeld". Deswegen kann man durch die Messung eines Teilchens im selben Moment den entsprechenden Wert des anderen Teilchens kennen. In der klassischen Physik wären beide Teilchen unverbunden. Die Messung eines Teilchens würde uns keine Information über den Zustand des anderen bringen. Und die Aussage, daß durch die Messung eines von zwei Teilchen der Zustand des anderen bekannt ist, wäre etwas Ungeheuerliches: ein nicht lokaler „Einfluß". Im Formalismus der Quantenmechanik kann man von einem „Einfluß" nicht sprechen. Dadurch, daß beide Teilchen, egal wie weit sie räumlich voneinander getrennt sind, sich wie ein System verhalten, ist die Messung eines Teilchens die Messung eines einzigen Quantensystems, dessen paralleler Wert damit feststeht. Einstein, Podolsky, Rosen haben versucht, dieses Argument zu verwenden, um im Denkrahmen der klassischen Physik zu zeigen, zu

welch „absurden“ Konsequenzen die Quantenmechanik führt. Denn die Teilchen verhalten sich so, als „wüßten“ sie voneinander. Aber es kann (nach den alten Erklärungsmodellen[12]) keine Verbindung zwischen ihnen geben. Denn jede physikalisch-kausale Verbindung würde der speziellen Relativitätstheorie genügen müssen und wäre an die Lichtgeschwindigkeit gebunden. Die Quantenmechanik sagt aber, daß die Anzeige des parallelen Wertes des anderen Teilchens sofort stattfinde und dieses völlig unabhänig davon, ob ich mein Experiment im selben Raum, zwischen New York und Tokio oder auf der Erde und dem Mond aufbaue. Immer ist mit der Messung eines Teilchens auch das Ergebnis der Messung des anderen Teilchens feststehend... Der irische Physiker John Bell hatte zuvor eine einfache Ungleichung aufgestellt, die formuliert, welche Arten von Korrelation von Teilchenmessungen unter normalen, unabhängigen Bedingungen vorkommen dürfen. Das heißt, er hatte ein Theorem aufgestellt darüber, welche maximale Korrelationen man erwarten könnte unter der Voraussetzung, daß beide Teilchen voneinander unabhängig sind, wie man klassisch annehmen würde. Damit wurde diese Aussage der Quantenmechanik experimentell testbar, weil ein numerischer, präziser Wert vorlag, der unter der Bedingung der Unabhängigkeit (Kontra-Quantenmechanik) zu erwarten wäre, wenn das oben geschilderte Experiment durchgeführt wurde.

Es wurde bereits eine Reihe solcher Experimente durchgeführt, entweder als Polarisationsmessungen von Photonenpaaren oder als Spinmessungen von Protonen. ... Aus einer Fülle von Daten werden die Korrelationen der entsprechenden Meßpaare errechnet. Es zeigt sich, daß die Bell’sche Ungleichung verletzt wird, das heißt,, daß die Meßwerte höher miteinander korreliert sind, als dies unter der Voraussetzung der Lokalität sein dürfte. Anders ausgedrückt: die von der Quantenmechanik ausgesagte Nichtlokalität eines Quantensystems ist tatsächlich Realität. Das berühmteste dieser Experimente ist vielleicht das von Aspect et al. (1982a, 1982b) [81], [82] Mittlerweile wird es von fast allen Physikern akzeptiert, daß lokale Theorien diesen holistischen Aspekt der Quantenmechanik nicht erklären können, und das Nichtlokalität zu den grundlegenden Aspekten der Natur gehört (Walach, 1996) [83]

[12] Ergänzung durch den Verfasser.

Was für uns Nichtphysiker zunächst bleibt, ist die Erkenntnis, daß auch in der Wissenschaft das Wissen Einzug hält, daß alles mit allem in Verbindung steht.

Walach schreibt in der oben bereits zitierten Arbeit auch: „Indem wir separieren, trennen, zerstören wir den ursprünglichen, verbundenen Zustand (entangled state)".

Wir können es so verstehen, daß in speziellen Situationen, durch bewußte Anstrengung, bei emotionalen Ausnahmezuständen, während veränderter Bewußtseinszustände, durch Rituale oder durch kognitive Strukturierung eines Geschehens der Zustand der holistischen Korrelation wieder verbessert wird. Dadurch entstehen Effekte, die wie kausale Zusammenhänge wirken, ihrem Wesen nach jedoch Korrelationen bleiben. Auch der Arzneifindungsprozeß, die Zubereitung und die Arzneiprüfung sind Teile eines „Rituals", welches den Zustand der ursprünglichen Verbundenheit, des Einsseins wieder herzustellen versucht. Je besser das gelingt, desto wahrscheinlicher tritt ein heilender Prozeß ein. „Dies wird allerdings häufig kausal mißdeutet, vielleicht, weil die Korrelation hoch ist. Ontologisch könnte es aber sehr wohl sein, daß keine kausalen, sondern korrelativ-kausale Prozesse am Werk sind. In der normalen ärztlichen Praxis würde das keine Rolle spielen. Denn eine 100 %-ige Wirkung wird aufgrund der Komplexität niemand erwarten. ... Beispiele, die für eine solche Interpretation der Homöopathie sprechen, sind folgende:

1. Es sind Heilungen bekannt, die auch ohne materielle Gabe eines Arzneimittels zustandekommen.

2. Heilungen kommen oft nicht zustande, obwohl anscheinend das beste Arzneimittel gegeben wurde.

3. Heilungen können auch zustandekommen, obwohl eine offenbar falsche Arznei gegeben wurde.

4. In klinischen Studien erlebt man immer wieder, das „Tunneln" eines starken therapeutischen Effektes mit allen Arzneimitteln einer spezifischen Arzneimittelwirkung in die Placebo-Gruppe. Das Phänomen ist übrigens nicht auf

Homöopathie-Studien beschränkt, sondern kommt auch in konventionellen Studien vor. Aber in Homöopathie-Studien wirkt es sich fataler aus.

5. Homöopathie-Studien zeigen manchmal ein sehr bizarres Verhalten: Manche Studien zeigen sehr starke Effekte, andere gar keine. Oder: was sich in der klinischen Praxis bewährt, ist in einer klinischen Studie fruchtlos und umgekehrt... Im Einzelfall ist es immer wieder eine Überraschung, ob und wie ein Arzneimittel wirkt. Zwar wirkt es, wenn richtig gewählt, sehr häufig, weswegen man es gut zu therapeutischen Zwecken verwenden kann, aber es ist nicht im Sinn einer klaren kausalen Manipulation einsetzbar, sondern entzieht sich im tiefsten Kern und ist nicht verfügbar.“ [84] (Walach, 1996)

Bei genauer Betrachtung haben wir hier nicht nur ein Modell für die Wirkungen der Homöopathie, sondern ein Modell für alle Prozesse des Lebens. **Es ist ein Modell für jedes Geschehen, daß sich über die verschiedenen Phasen vom Gedanken zur Empfindung, zum Wollen, zur Tat, ins Sein verdichtet, transformiert** Dabei sind die direkten Wirkungen die, die wir selbst spürbar und erkennbar verursachen und die indirekten, deren phasenhaften Wandel wir oft nicht einmal bemerken, weil ihre Ergebnisse außerhalb der Reichweite unseres Tagesbewußtseins liegen.

Es ist die Vereinigung von Ursache und Wirkung, auch gefaßt im Bild der Heimkehr des verlorenen Sohnes.

Ausklang und Ausblick – klar, rein, frei

In den vergangenen Kapiteln habe ich mich bemüht, Ihnen Gedanken vorzustellen, deren Kenntnis für Sie, Ihre Kinder und Kindeskinder eventuell Nützliches bewirkt. In meinem Buch „**Goldrausch**“ habe ich darauf hingewiesen, daß sehr viele Impfstoffe neben dem körperfremden Eiweiß, der Impfe selbst, zusätzliche Substanzen enthalten, die die Wirksamkeit erhöhen sollen. Dieselben **erhöhen jedoch nicht allein die erhoffte Wirksamkeit, sondern auch das mögliche Risiko**, da sie, ihrer Natur nach, in entsprechenden Mengen selbst giftig sind. Darüber hinaus habe ich mich bemüht, Ihnen die Problematik der Impffrage anhand der Verläufe der Zahlen, die die Häufigkeit der jeweiligen Erkrankungen betreffen, aufzuzeigen.

Spätestens seit Einführung des Kartoffelanbaus und u.a. durch verbesserte Trinkwasser- und Abwasserentsorgung, kurz mit Besserung der allgemeinen sozioökonomischen Verhältnisse besserte sich auch die Abwehrlage der Menschen, so daß es zu einem allgemeinen Rückgang bei den verschiedensten Infektionskrankheiten kam. Dieser hatte bei vielen der Infektionen schon lange deutlichst begonnen bevor Impfungen zur Verfügung standen und in großem Stile Anwendung fanden. Jetzt jedoch finden wir uns bereits wieder in Zeiten zunehmender Erkrankungen, jedoch neuer Art. So war Heuschnupfen um die Wende dieses Jahrhunderts noch eine fast unbekannte Erkrankung. Auch Neurodermitis und Asthma tauchen in immer höherer Anzahl auf. Schulleistungs-, Lern- und Persönlichkeitsstörungen nehmen in erschreckendem Maße zu.

In meinem Buch **„Skizzen zur Homöopathie"** habe ich mich bemüht, Ihnen einige der grundlegenden Gedanken aus dem „Organon der Heilkunst" von Samuel Hahnemann vorzustellen. Selbst kleinste Substanzmengen, ja sogar Zubereitungsformen, die substanzlos praktisch nur noch das Bild, die Gestalt der Ursubstanz enthalten, entfalten Wirkungen. **Wenn nun das quecksilberhaltige Thiomersal, das in sehr vielen für die Säuglingsimpfung empfohlenen Impfstoffen vorhanden ist, möglicherweise der direkte oder indirekte Anlaß für das Auftreten vieler chronischer Erkrankungen im weiteren Leben dieser frühest geimpften Kinder verantwortlich sein kann, so handelt es sich hierbei um eine sehr wesentliche Frage. Die Impfstoffe werden auf dem Transport unsystematisch ungezählten heftigen Stößen ausgesetzt, wie sie z.B. auch, allerdings systematisch, zur Zubereitung homöopathischer Arzneien Anwendung finden. Das verstärkt die Wirkung der den Impfstoffen zur Verstärkung oder Haltbarmachung beigegebenen Substanzen über dasselbe Prinzip, das zur Herstellung der homöopathischen Arzneien angewandt wird. Dadurch erhöht sich, in diesem Zusammenhang aber höchst unerwünscht, deren Wirksamkeit, und damit das Risiko, bei einer großen Gruppe von Menschen, das können z.B. 4 von 10 Personen sein, chronische Störungen auszulösen oder zu verursachen.**

Über das morphogenetische Feld, also drahtlos, von Mensch zu Mensch und von Schöpfungsgegenstand zu Schöpfungsgegenstand vermittelt, werden am Ende selbst die Kinder belastet, die nicht geimpft sind. Genauso, wie wir uns und unseren Kindern eine gesunde Umwelt wünschen, damit sie zu gesunden Menschen heranwachsen können, so sehr müssen wir uns auch eine gesunde Innenwelt wünschen. **Sind aber die subtilen Ebenen, auf denen sich auch die nonverbale Kommunikation, die Sprache ohne Worte, ereignet, mit allerlei gestörten Gedanken belastet, werden auch zuvor gesunde Kinder, nonverbal, drahtlos, permanent in ihrer Entwicklung gestört.** Wir müssen uns bemühen, solcherlei Störungen so gering wie möglich zu halten. Auch aus dieser Sicht muß die Impffrage dringlich von jedem einzelnen erneut betrachtet werden.

Erneut weise ich darauf hin: Ich bin kein Impfgegner und rate auch nicht vom Impfen ab. Wozu ich aber dringlich rate, ist, daß alle sich vergegenwärtigen mögen, **daß das Ergebnis einer statistischen Überprüfung nur vom Fokus, das heißt, von der Fragestellung selbst und dem Aufwand abhängt, der betrieben wird.** Für jede Position lassen sich „Beweise" finden und aneinanderreihen. Es gibt Stimmen dafür und dagegen. Hier aber entscheidet die Auswahl über den Eindruck, den ich vermittle und damit über die Folgen, die ich bewirke.

Ich wünsche, daß es uns allen gelingen möge, uns aus dem freiwilligen und dennoch quälenden Joch, aus der Entmündigung durch das „Expertentum" zu befreien und wieder zurückzufinden zur natürlichen, tiefen Verbindung von Körper, Geist und Seele. Dann sind wir wieder in den Stand versetzt, aus innerer Kraft zu gesunden, gesund zu machen und zu verwirklichen, was in der jeweiligen Situation das Geeignetste ist - ein jeder für sich selbst, alle miteinander, einer für alle, alle für einen.

> „Ihr wisset nichts; Ihr bedenket auch nicht: Es ist Euch besser, *ein* Mensch sterbe für das Volk als daß das ganze Volk verderbe." (Johannes, 11,49)

Das Leben im menschlichen Körper ist ein Privileg, Chance, Wagnis, Erfahrung. Wir sind ausgestattet mit allem, mit einem wunderbar organisierten Körper, und allen Kräften, jede Situation zu meistern. Die Möglichkeiten des Einzelnen in ihrer Vielfältigkeit ergänzen sich in der Gemeinschaft.

Eine Frau erzählte mir während einer Beratung einen Ihrer Träume: Sie ruderte bei ganz schlechtem Wetter auf die rettende Hand Gottes zu, voll bewußt, daß ihr so keine Gefahr drohe, wenn sie ihm gleich das Ruder zur Hilfe reichen würde. Doch als sie einen Menschen hilflos im Wasser entdeckt, gab sie diesem den rettenden Halt. Da endete nun dieser Traum und es entstand Verwirrung. Hatte sie ihre eigene Rettung aufgegeben, weil sie sich vom Licht abgewandt hatte? – Es bedurfte nur weniger Fragen und so ging sie bald mit der Erkenntnis, die sie als Wissen und Wahrheit in ihrem Herzen fand, empfand, daß sie gerade durch ihre Selbstlosigkeit sich und den anderen gerettet hatte.

> „Wer sein Leben erhalten will, der wird es verlieren; wer aber sein Leben verliert, um meinetwillen, der wird es erhalten. Und welchen Nutzen hätte der Mensch, ob er die ganze Welt gewönne und verlöre sich selbst oder beschädigte sich selbst?“ (Lukas, 9, 23)

> „Das ist mein Gebot, daß Ihr Euch untereinander liebet gleich wie ich Euch liebe. Niemand hat größere Liebe denn die, daß er sein Leben läßt für seine Freunde.“
> (Johannes, 15,12 u. 13)
> „Was Ihr getan habt einem unter diesen meinen geringsten Brüdern, das habt Ihr mir getan.“
> (Matthäus, 25,40)

Dann haben die Berührungsängste ein Ende, die Erfahrung, die Erkenntnis, daß wir auf diesem Planenten, dem Raumschiff Erde, nicht nur an einem Strang ziehen, sondern Teil desselben Schöpfungswesens, des kosmischen Menschen, sind, gemeinsam mit allen anderen Schöpfungen, hier und in allen Welten und Universen, dieses ist gleichzusetzen mit der unbegrenzten Vervielfältigung der Kraft. Das Ganze ist mehr als die Summe seiner Teile!

Besinnen Sie sich auf den Unterschied zwischen einem Faß voller Hefezellen, einem Baum, einem Tier und Ihnen selbst. Es ist der Grad der Komplexität und der daraus entstehenden Flexibilität, der Möglichkeit, Erkenntnis zu haben, auszutauschen, zu reagieren, die den Unterschied ausmachen.

Wenn doch auch, nach meiner Auffassung, auch z.B. Herz, Leber und Nieren voneinander nichts wissen, weil „Wissen“ gar nicht die Ebene ist, auf der sie als Organe verbunden sind und wirken sollen, so sind sie doch auf vielfältige Weise miteinander verknüpft und haben als jedes einzelne, ein eigenes Bewußtsein. Aber erst die gemeinsame Beteiligung im „morphogenetischen Feld“, in der Gestalt Mensch, ermöglicht uns die Vielfältigkeit unserer Begabungen.

So macht denn jeder von uns, die wir schon aus ungezählten einzelnen Zellen, die sich zu Organen zusammengeschlossen haben, bestehen, eine Zelle, oder einen Teil davon, des kosmischen Menschen aus. Wir brauchen nur auf unseren Körper blicken, da erkennen wir alles wieder: Gerüstbau, Anlieferung, Müllabfuhr, EDV-Abteilung, Optik, Telekom, Polizei und alle anderen sind vertreten – viele Organisationsstrukturen haben wir noch nicht einmal erkannt. Und doch gilt: Wie im Kleinen, so im Großen.

So wie in einer einzelnen Zelle die verschiedensten Funktionseinheiten für ihr Überleben notwendig sind, so ist es notwendig, daß innerhalb der einzelnen Organe verschiedene funktionelle Einheiten für die jeweiligen Aufgaben gebildet werden. Die Organe ihrerseits stehen wieder in Verbindung miteinander, um Stoffwechsel und Lebensäußerung zu ermöglichen. **Jedes noch so kleinste Teilchen ist wichtig an seinem Platz für die Harmonie und Ausgewogenheit des Ganzen.** Den gleichen Aufbau entdecken wir in den Familien, im Staatswesen und bei der Betrachtung des ökologischen Gleichgewichtes von Wetter, Boden und Mensch.

> „Denn gleich wie ein Leib ist und hat doch viele Glieder, alle Glieder aber des Leibes, wie wohl ihre viele sind, doch ein Leib sind: also auch Christus....
> Denn auch der Leib ist nicht ein Glied, sondern viele.
> So aber der Fuß spräche: Ich bin keine Hand, darum bin ich des Leibes Glied nicht, - sollte er um dessentwillen nicht des Leibes Glied sein?
> Und so das Ohr spräche: Ich bin kein Auge, darum bin ich nicht des Leibes Glied, - sollte es um dessentwillen nicht des Leibes Glied sein?
> Wenn der ganze Leib Auge wäre, wo bliebe das Gehör? So er ganz Gehör wäre, wo bliebe der Geruch?
> Nun aber hat Gott die Glieder gesetzt, ein jegliches sonderlich am Leibe wie er gewollt hat.
> So aber alle Glieder ein Glied wären, wo bliebe der Leib?
> Nun aber sind der Glieder viele; aber der Leib ist einer.
> Es kann das Auge nicht sagen zu der Hand: Ich bedarf dein nicht; oder wiederum das Haupt zu den Füßen: Ich bedarf eurer nicht.
> Sondern vielmehr die Glieder des Leibes, die uns dünken, die schwächsten zu sein, sind die nötigsten;

und die uns dünken, am wenigsten ehrbar zu sein, denen legen wir am meisten Ehre an; und die uns übel anstehen, die schmückt man am meisten.
Die uns wohl anstehen, die bedürfen es nicht. Aber Gott hat den Leib also vermengt und dem dürftigen Glied am meisten Ehre gegeben,
auf daß nicht eine Spaltung im Leibe sei, sondern die Glieder füreinander gleich sorgen.
Und so eingekleidet, so leiden alle Glieder mit; und so ein Glied wird herrlich gehalten, so freuen sich alle Glieder mit.
Ihr aber seid der Leib Christi und die Glieder, ein jeglicher nach seinem Teil.
(1. Korinther 12-27)

An dieser Stelle sei dringlich darauf hingewiesen, daß diese Zitate wohl aus der christlichen Kultur entnommen sind, daß die Namen Gottes jedoch unzählige sind, während die dahinter stehende Wahrheit eine einzige ist. Es sei fernab, religiösen Fanatismus zu betreiben, da es bei längerer Betrachtung nur eine Religion gibt, die des Menschseins. Wenn ein jeder von uns die in ihn gelegten Möglichkeiten entwickelt und sein volles menschliches Potential entfaltet, auch hinsichtlich der Ehrfurcht und Wertschätzung aller Schöpfung, wird es eine Liebe sein, die alle verbindet, die eine Kraft, die alles erhält.

„Denn wer den Willen tut um meines Vaters im Himmel, der ist mein Bruder, Schwester und Mutter." (Matthäus 12, 50)

„Denn es steht geschrieben: „Ihr sollt heilig sein; denn ich bin heilig."
(Petrus I, 1, 13)

„Bittet, so wird Euch gegeben; suchet, so werdet ihr finden; klopfet an, so wird Euch aufgetan....
Alles, was ihr wollt, daß Euch die Leute tun sollen, das tut Ihr ihnen auch. Das ist das Gesetz und die Propheten." (Matthäus 7, 7-12)

„Ein neu Gebot gebe ich Euch, daß Ihr Euch untereinander liebet, wie ich Euch geliebt habe, auf daß auch Ihr einander liebhabt." (Johannes, 13, 34)

„Wahrlich, wahrlich, ich sage Euch: Wer an mich glaubt, der wird die Werke auch tun, die ich tue und wird größere denn diese tun; denn ich gehe zum Vater.
Und was ihr bitten werdet in meinem Namen, das will ich tun, auf daß der Vater geehrt werde in dem Sohne.
Was Ihr bitten werdet in meinem Namen, das will ich tun.
Liebt Ihr mich, so haltet meine Gebote!

Und ich will den Vater bitten und er soll Euch einen anderen Tröster geben, daß er bei Euch bleibe ewiglich: Den Geist der Wahrheit, welchen die Welt nicht können fangen; denn sie sieht ihn nicht und kennt ihn nicht. Ihr aber kennt ihn; denn er bleibt bei Euch und wird in Euch sein. Ich will Euch nicht Weisen lassen; ich komme zu Euch... Wer meine Gebote hat und hält, der ist es, der mich liebt. Wer mich aber liebt, der wird von meinem Vater geliebt werden, und ich werde ihn lieben, und mich ihm offenbaren." (Johannes, 14, 12-21)

Wenn wir uns davon lösen können, diese Wahrheiten einzig auf christlich getaufte Menschen übertragen zu wollen, erkennen wir darin einmal mehr die wunderbare Gliederung: Wie im Großem, so im Kleinen. Als ein Wegweiser von der dunklen Umnachtung ins Licht der Erkenntnis ist er ein Symbol. Als Sohn des Schöpfers, der die Gebote kennt und achtet, der sein ganzes menschliches Potential entfaltet hat, vermag er den Willen des Vaters zu verwirklichen. Die gleichen Kräfte und Möglichkeiten sind auch uns zuerkannt. Der Schöpfer ist in uns und wir sind in ihm.

Es ist wahr, daß manchmal drastische Maßnahmen notwendig sind, die eine oder andere OP z.B.

„Wenn Dir aber Dein rechtes Auge Ärgernis schafft, so reiß es aus und wirfs von Dir. Es ist Dir besser, daß eins Deiner Glieder verderbe und nicht der ganze Leib in die Hölle geworfen werde. Wenn Dir Deine rechte Hand Ärgernis schafft, so haue sie ab und wirf sie von Dir. Es ist Dir besser, daß eines Deiner Glieder verderbe und nicht der ganze Leib in die Hölle fahre." (Matthäus 5,29 und 30)

Auf dem Gebiet der Chirurgie hat die Medizin wunderbare Fortschritte gemacht und kann seit der Verfeinerung der Techniken Großartiges leisten. Daß es sich hier jedoch nicht allein um chirurgisches Vorgehen handelt, sondern daß es um die Gestalt des Ganzen geht, also auch um Glauben und Anschauungen, die unser Wesen bestimmen und damit unsere Handlungen beeinflussen, werden alle, die sich auf den Inhalt einstimmen, schnell erkennen.

Manchmal eingreifender als chirurgisches Vorgehen, ist es, sich von falschen Rücksichten, Annahmen und Vorurteilen zu trennen. Doch gerade sie sind es, die unser Bild von uns selbst und damit unseren Entscheidungs- und Wirkungsraum zeitweise aufs stärkste einengen. Genauer formuliert muß es heißen, daß wir diesen Einfluß zeitweise deutlichst spüren, während wir ihn die meiste Zeit nicht wahrnehmen, obwohl er unser gesamtes Leben bestimmt.

Bewußtsein ist in gewisser Weise mit Spaltung verbunden. Da bin zunächst einmal Ich. Um mich aber bewußt wahrnehmen zu können, muß es eine Ebene von mir geben, die dazu in der Lage ist. Zum besseren Verständnis des weiteren ist es nun erforderlich, doch kurz von den Engeln zu sprechen. Lassen Sie uns als Arbeitshypothese annehmen, daß die Engel im ständigen Bewußtsein Gottes auch eindeutige Klarheit ständig erleben. Das heißt, daß sie, gleichsam als Organe Gottes, sind was sie sind und tun was sie tun in fraglosem Einklang mit der Schöpfung. Um den Entwicklungsweg zu vollenden, müssen auch die Engelwesen das körperliche Leben als Mensch absolvieren. Im Unterschied zu den Engeln jedoch sind die Menschen mit Emotionen ausgestattet. Engel, gleichsam Strahlen Gottes, handeln nach seinem Willen. Uns sind gedankliche Reflexion, Verlangen und Willen möglich. Jeden Augenblick haben wir erneut zu entscheiden, ob wir uns gemäß unserer heiligen, so geschaffenen Natur verhalten oder ob wir uns der Illusion des Augenblicks hingebend den Beschlüssen des Egos unterwerfen.

Wieder finden wir die Wahrheit der Parabel: Wie im Großen, so im Kleinen. Der Schöpfer ist eins.

> „Am Anfang war das Wort und das Wort war bei Gott und Gott war das Wort."
> Dasselbe war im Anfang bei Gott.
> **Alle Dinge sind durch dasselbe gemacht und ohne dasselbe ist nichts gemacht, was gemacht ist."(Johannes 1, 1-3)**

Wenn nun das Wort in Form von Schöpfung Gestalt angenommen hat und jeden Augenblick neu annimmt, ist zur gleichen Zeit auch eine Beziehung zwischen Schöpfer und Geschöpf entstanden und entstehen weitere Beziehungen zwischen den Geschöpfen untereinander und ihrer Ursache. Das sind die Grundbausteine des Modells der Kommunikation, des Modells des Lebenden.

Alles steht miteinander in Beziehung, alles tauscht miteinander Impulse und Inhalte aus. Je nach Höhe der jeweiligen Entwicklungsstufe reagiert der Schöpfungsgegenstand nur auf seine Umwelt, wie z.B. der Fußball nur auf den Tritt des Spielers oder hat, schließlich Mensch geworden, viele Zellen zu Organen

zusammenfassend, viele Organe zum Körper zusammenfassend, diesen zum Instrument von Erfahrung, Reflexion und Antwort erhalten.
Es ist auch wahr, daß alle Schöpfung untereinander kommuniziert, austauscht, sich gegenseitig beeinflußt. Das erleben wir täglich ganz banal, wenn wir nicht nur von Luft und Liebe, sondern auch von Brot und Wein, Wort und Geist und von Leib und Blut leben.

> „Ein jegliches hat seine Zeit, und alles Vorhaben unter dem Himmel hat seine Stunde: Geboren werden hat seine Zeit, Sterben hat seine Zeit; Pflanzen hat seine Zeit, Ausreißen, was gepflanzt ist, hat seine Zeit... (Prediger 3)

> Der Mensch lebt nicht vom Brot allein, sondern von einem jeglichen Wort, das durch den Mund Gottes geht. (5. Mose, 8,3)

So wenig wir an einem Hälmchen ziehen können, damit es schneller wächst oder in eine S-Bahn steigen, die entweder noch nicht gekommen oder schon abgefahren ist, so sehr haben auch wir uns an äußere und innere Bedingungen zu halten.
Über die Zusammenhänge von Bewußtwerdung, Erkenntnis und Reaktion und die damit verbundenen Vorgänge wurde weiter vorne ausführlich gesprochen.
Angst kann Durchfall bewirken, Ärger kann Gallensteine begünstigen, Anspannung kann zu Kopfschmerz führen, das Selbstgespräch, der Dialog zwischen verschiedenen Ebenen des Ich, dürfte allen bekannt sein. Sei es, daß ein Mensch sich vorgenommen hat, das Rauchen aufzugeben und sich dabei beobachten kann, wie er Packung um Packung kauft und konsumiert, sei es die Schwierigkeit, ein gesundes Gewicht durch bewußtes Essen zu erreichen und zu erhalten oder sei es die eine oder andere Trägheit bei der Erledigung eines bestimmten Gegenstandes zu überwinden, von dem wir genau wissen, daß er schon längst bearbeitet sein sollte.
Die Störung der Kommunikation auf der geistigen Ebene, die zu körperlichen Störungen, wie z.B. einer Infektabwehrschwäche, Durchfall oder Gallenstein geführt hat, die sich als die Spannung zwischen den Polen als krankhafte Störung bemerkbar gemacht hat, ist als Krankheit nicht länger als Niederlage des Organismus aufzufassen, die ausschließlich einer mechanischen und sei es einer biomechanischen Korrektur bedarf.

Krankheit ist die erste Reaktion des Körpers im Sinne der Heilung, der Umkehr zur Vereinigung dieser Pole auf dem Rückweg zum Einssein. Krankheit stört nicht nur, sondern, indem sie stört, ist sie zugleich auch Reiz, Ursachen und Zusammenhänge zu überdenken und den Anlaß der Spannungen zu beseitigen.
Sodann hat sie auf dieser ersten Ebene ihre Bedeutung erfüllt und kann zur Ruhe oder zur Ausheilung gelangen, sofern nicht noch weitere Ebenen damit verknüpft sind. Ist die Energie des Menschen durch äußere oder innere Umstände jedoch so gestört, daß rein geistige Maßnahmen wie z.B. die Zuwendung der Eltern zu ihrem gestürzten Kind oder des Menschen in der Meditation zu sich selbst und seinem göttlichen Ursprung nicht auszureichen scheinen, die Situation zum Guten wenden zu können, so ist es durchaus kein Verstoß gegen die Schöpfung oder wider die Natur, im entscheidenden Moment die entscheidende Maßnahme zu ergreifen, das entscheidende Medikament zu nehmen oder z.B. zu operieren.
Die Medikamente können homöopathisch, mineralisch, pflanzlich oder chemisch sein; auch Antibiotika oder Kortikoide sind zur Anwendung zu erwägen. Entscheidend soll jedoch nicht das Ziel einer kurzfristigen Erleichterung oder gesteigerter Bequemlichkeit sein, sondern Ziel soll sein, die Zeit zu sichern, bzw. den Menschen die Kraft und die Freiheit von Beschwerden soweit zu ermöglichen, daß Schicksal und Lebenserfüllung wieder bewußt ins Zentrum der Bemühungen gesetzt werden können.
Inwieweit die eigene Energetik, das heißt, das eigene Empfinden bzw. das Empfinden der eigenen Kraft anders keinen Fortschritt mehr erlaubt, muß ein jeder Mensch selbst entscheiden. Beim Umgang mit Kindern hat der Sorgeberechtigte diese Entscheidung möglichst nach Abwägen aller Eventualitäten im Sinne des Kindes zu fällen. Doch möge, oder viel besser, darf die Entscheidung nicht infolge von Angst oder mit Rücksicht auf wirtschaftliche Interessen gefällt werden. **Mögen alle im vollen Bewußtsein der uns innewohnenden Kräfte und Begabungen sein, die alle für sich, an sich arbeitend, und alle miteinander, einander unterstützend, entwickeln, entfalten können**. Dann haben die Einschätzungen einen guten Maßstab und eine starke Grundlage.

So viele junge Kollegen kennen die dem Organismus innewohnenden Kräfte nicht mehr, haben natürliche Krankheitsverläufe kaum noch oder gar nicht mehr kennengelernt, ja haben sogar Schwierigkeiten, Röteln, Masern, Mumps oder

Scharlach zu diagnostizieren, weil sie statt dieser Krankheiten viel, viel öfter chronische Erkrankungen sehen, wie z.B. Allergien, Neurodermitis, Asthma, Schlaf- und Verhaltensstörungen aller Art. Wie sollten sie nicht ängstlich und beunruhigt sein bei Fieber, Infekt oder schließlich bei Krebserkrankungen?

Die Arbeitsmittel der Medizin sind vielfältig und doch gibt es so viele Erkrankungen, denen wir wohl Namen geben können, und die mit zum Teil viel Interesse, auch wirtschaftlichem Interesse, beforscht werden. Ich sage bewußt beforscht, denn, den Begriff erforschen anzuwenden, verlangte nach meinem Verständnis das Bemühen, alle Phänomene, auch die geistige, die psychosomatische Komponente, die mit dem untersuchten Gegenstand verbunden ist, zu erarbeiten. Aber genau dieses wurde bisher nur in geringem Umfange betrieben. **Der Wunsch so vieler Menschen nach schneller Besserung und ohne die Notwendigkeit der Reflexion der Ursachen und sich selbst idealerweise kein bißchen zu ändern verlangend, wurde seitens der Wissenschaft durch das kartesianische Weltbild unterstützt.** Dem bequemen Verständnis nach, sollen alle Elemente der Natur, auch der menschliche Körper und seine Organe im weitesten Sinne mechanisch funktionieren. Redewendungen wie: „bei dem ist ein Rad ab“ oder „bei ihm ist wohl eine Schraube locker“ sind in ihrer Eindeutigkeit diesbezüglich nicht zu übertreffen. So ist es leicht verstehbar, daß chemische Präparate, insbesondere, wenn sie eine schnelle Wirkung nach sich ziehen, eine, wenn auch oft trügerische Sicherheit vermitteln. Die Einhaltung dieser Ordnung wird moralisierend, auf allen Ebenen, durchgesetzt. Dazu lese man sich z.B. noch einmal die Schilderung der Polioimpfaktion in Israel wie ich sie in meinem Buche „Goldrausch“ zitiert habe, durch. Sie offenbart praktisch alle Elemente der gesellschaftlichen Manipulation, wie sie auch in unserem Lande erwogen werden.

Wenn es also bei der Ausbildung der jüngeren Kollegen bereits unterlassen wird, auf die Förderung der körpereigenen Kräfte als dem wichtigsten Potential der Prävention sowie des menschlichen Lebens überhaupt intensiver einzugehen, oder wenigstens nur zur Diskussion zu stellen, wie sollte es da anders sein, als daß sie glauben und schließlich ihren Patienten als Lehrmeinung vermitteln, was im Namen des mechanistischen Denkens auch ihnen vermittelt wurde.

Wer den Sinn eines Geschehens nicht erahnen, geschweige denn erkennen oder gar erfassen kann, und oft auch nicht einmal bereit ist, einen solchen überhaupt als möglich zu diskutieren, wie sollte der ohne den Glauben an die Schöpfung und an den jedem Geschehen innewohnenden Sinn nicht bei Erkrankung ängstlich reagieren.

So viele haben ihren Glauben an die Schöpfung eingetauscht gegen die Hoffnung auf die „Erkenntnisse der Wissenschaften“. Ist denn der Schüler größer als sein Meister, sein Schöpfer? Geht es denn uns nicht jetzt schon wie dem Zauberlehrling, der voller Verzweiflung und in der Erkenntnis seiner Unwissenheit ausruft: „Die Geister, die ich rief, werde ich nun nicht los!“
Wenn wir stets zu neuen Techniken und Verfahren Zuflucht suchen, anstatt das uns als Gabe mitgegebene, innewohnende Potential zu suchen und zur Entfaltung zu bringen, werden wir irgendwann enttäuscht feststellen müssen, daß auch die Gentechnologie nicht auf alle Fragen Antwort zu geben vermag, sondern statt dessen mit erheblichen Gefahren für das gesamte Ökosystem verbunden ist.

Hier ist eine Überprüfung und Erneuerung der allgemeinen ethischen Grundlagen sowie der Ethik in Ausbildung, Forschung und Lehre gründlich angezeigt.
Mir sagte einst eine Mutter, die viel Zeit in Tibet verbracht hatte, sinngemäß etwa folgendes: „Da, wo ich gewesen bin, hat man noch eine ganz andere Beziehung zum Leben. Wenn man von 6 Kindern 4 oder 5 gesund aufwachsen sieht, so ist es doch eine ganz andere Form mit dem Tod als einem Teil des ewigen Werdens und Vergehens umzugehen.“ Wo ist in unserem Lande der vertrauliche Umgang mit dem Tode?
Schon eine schwangere Frau wird als Patientin bezeichnet, und kaum, daß die Kinder auf der Welt sind, reihen sich die Vorsorgeuntersuchungen aneinander, auf daß im Namen der Gesundheit das komplette Impfprogramm absolviert werden kann. Wir können Verantwortung nicht abgeben. Die beste Vorsorge sind aufmerksame Eltern und aufmerksame Patienten, die im Falle von Unregelmäßigkeiten Rat suchen und ihre Angelegenheiten besprechen. Bei vernünftiger Hygiene, Zuwendung und guter Pflege wird das Ergebnis in den allermeisten Fällen sehr befriedigend sein.
Dafür ist jedoch noch ein zweiter Faktor entscheidend, die Zeit. Liebe geben, Geborgenheit und Sicherheit vermitteln, Hand auflegen und heilen lassen sind

Vorgänge, die ihre eigenen Verläufe haben; mal ist es mehr die Länge der Zuwendung, mal die Intensität, mal die kleine entscheidende Geste im wichtigen Moment, die auf Verlauf und Fortschritt der Entwicklung den entscheidenden Einfluß ausüben. Zeitdruck, das ist wie ein Gift. Dabei offenbart er doch nur, daß wir organisatorisch wesentliches ändern könnten. Können wir nicht? Nun, ein Grund mehr, den Zeitdruck als Alarmzeichen zu begreifen und nach neuen Wegen suchend all unsere Kreativität zu entwickeln und zur Anwendung zu bringen. Es gibt keine neuen Wege – alles schon versucht?! Es gibt immer neue Wege. Der Kosmos ist voller Lösungen, die darauf warten von uns erkannt und umgesetzt zu werden, von uns allen, in jeder Lage. Doch es bedarf der Offenheit und des Vertrauens.

Meine Stunde ist noch nicht gekommen. (Johannes, 2,4)

Respektieren Sie Ihre Stärken und die Qualität der Zeit. So wenig wie Sie in eine S-Bahn steigen können, die noch nicht vorgefahren oder die den Bahnhof bereits verlassen hat, so wenig können Sie etwas erzwingen, wenn die Zeitqualität dafür nicht bereitet ist. „Es gibt auch eine vielzitierte Geschichte über Thomas Edison. Nachdem er 9.999-mal versucht hatte, die Glühbirne zu entwickeln, und keinen Erfolg damit hatte, fragte ihn jemand: „Werden Sie es auf 10.000 Mißerfolge bringen?“ Und er antwortete: „Ich hatte keinen einzigen Mißerfolg. Ich habe nur immer wieder neue Möglichkeiten entdeckt, die elektrische Glühbirne nicht zu erfinden.“ Er hatte herausgefunden, wie verschiedene Handlungen zu unterschiedlichen Resultaten führten.“ [85] (Robbins, 1986, S. 104)

Wenn wir aus einem Obstkern einen Baum ziehen wollen und ihn einpflanzen, dann pflanzen Sie zugleich mit Ihren Erinnerungen und guten Wünschen den Anlaß der Freude der Kinder, die vielleicht einmal die Früchte ernten und daraus Saft und Marmelade bereiten. Doch dazu bedarf es erst der Zeit, der liebevollen Zuwendung und der alles bewegenden Kraft der Schöpfung. Wenn wir den Vorgang nicht stören, werden wir uns über das Ergebnis freuen dürfen. **Doch dafür müssen wir den Samen annehmen als das er ist, und die Abläufe respektieren wie sie sind.** Dann wird das Ergebnis mit der gleichen Sicherheit eintreffen, wie die Gezeiten auch vom Mond abhängig sind.

„Alle Dinge sind möglich dem, der da glaubt.“ (Markus, 9, 23)

Wenn nur so viele den Glauben nicht aufgegeben hätten, daß alles in einem sinnvollen Zusammenhang steht. Dabei brauchen wir uns nur anzusehen, unseren Körper, die Menschen, die uns umgeben, die Natur und den Himmel.

Immer sind wir es, die wir durch die Auswahl unserer Eindrücke die so oft dem Unbewußten überlassen wird, unser Selbstbild und damit unsere Physiologie konditionieren – oder, um es an einem Beispiel verständlicher zu formulieren: was auch immer für eine Aufgabe oder ein Problem uns begegnet, wenn wir unter dem Gefühl standen „ich kann das nicht, das packst du nie, oh mein Gott, ich weiß schon wie das ausgeht", so werden wir in den allermeisten Fällen recht behalten.
Wenn wir uns hingegen erinnerten, wie wir als Kinder Laufen gelernt haben, kein Rückschlag konnte uns aufhalten, ob auf das Hinterteil geplumpst oder auf den Kopf gefallen, immer wieder haben wir uns hochgezogen, genau dort wollten wir hin, bis es erreicht war. **Es gibt keine Niederlagen, keine Rückschläge, es gibt nur das Ziel und die Versuche, die klären, ob der Weg dorthin bereits der richtige ist.** Vor die gleiche Aufgabe gestellt, die uns zuvor noch ein „oh mein Gott" entlockt haben könnte, benötigen wir nichts weiter als die Disziplin uns zu vergegenwärtigen, daß es sich um eine neue Chance handelt. Dabei soll nicht etwa wieder die Niederlage im Kopf skizziert sein, sondern der Erfolg. **Das wunderbare ist, daß wir immer recht behalten, ganz gleich, ob wir sagen „das packst du nie" oder „ich gebe mein Bestes".**

Wenn sich im englischen Sprachraum der Satz ausgebreitet hat „fake it, then make it", der etwa frei übersetzt ist „stell es Dir vor und dann verwirkliche es", so ist es nichts anderes als das deutsche Sprichwort: **„Jeder ist seines Glückes Schmied". Jedoch nicht nur seines Glückes Schmied, sondern auch seines Leibes und Lebens Kerkermeister**.
Bei vielen Beratungen wird der Begriff der „Selffulfilling prophecy" der sich selbst erfüllenden Prophezeiung besprochen. Auch dieses ist nichts anderes, als daß die Skizze eines zu erwartenden Ablaufes vom Unterbewußtsein wahrgenommen und dann verwirklicht wird. Das funktioniert in mir selbst wie oben schon besprochen, abhängig wie auch immer ich an einen Gegenstand herangehe oder auch bei unseren Kindern. So ist es z.B. verhältnismäßig wenig günstig, einem Kinder

hinterherzurufen, „wenn Du ohne Pulli rausgehst, wirst Du Dich erkälten“, weil ein gehorsames Kind, wenn es ohne Pulli herausgeht, sich dann auch erkälten wird. Genau so ist es mit dem Sitzen auf dem kalten Stein und dem schlechten Ergebnis bei der Klassenarbeit, wenn das Lernen nicht wie verlangt, regelmäßig zum festgesetzten Zeitpunkt stattgefunden hatte, während die Eltern ihr Bestes versuchend sagten, „wenn Du nicht vor dem Zubettgehen regelmäßig eine halbe Stunde übst, wird es mit Deiner Arbeit nichts werden, Du wirst schon sehen.“ Sehr bedeutend ist dabei, daß dieses Muster dann nicht einmalig auftaucht, sondern in bezug auf die verschiedensten Gegenstände ständig wiederholt wird, z.B. der stets sich wiederholende Frust, wenn ein bestimmtes Thema angesprochen wird, der Ärger, daß die Kinder nicht aufräumen, oder ganz einfach das Gefühl, das einem immer alles schief geht.

Jeder bewußt gewordene Gedanke, jedes Wort, sind damit in der Schöpfung manifestiert und entwickeln ihre Folgen unausweichlich. Es liegt an uns, durch innere Haltung und äußeres Verhalten, durch stets bewußtes Verbinden mit der uns innewohnenden Schöpfungsenergie die erfüllende Vereinigung mit der Schöpfung und dem Schöpfer zu erfahren. Das erreichen wir, indem wir uns mit Hilfe bewußten Atmens zur Beherrschung der Sinne führen. **Notwendig ist es gegenüber negativen, destruktiven Gedanken wachsam zu sein. Sobald solche, die eigene Basis schwächenden Tendenzen auftauchen, sollen wir sie uns ganz bewußt machen und ebenfalls ganz bewußt durch positive Bilder und Konzepte ersetzen.** Der Energieaufwand ist der gleiche, ob wir Bilder, die die Niedergeschlagenheit fördern, wälzen, oder uns im Lichte der gemachten Erfahrung positiven Zielen zuwenden. Konzentration und Meditation führen schließlich zur Erleuchtung.

Wenn an einem alten Tempel in Delphi zu lesen stand, EI, so gibt es wenigstens 3 Möglichkeiten, diesen Hinweis zu übersetzen: a) **Du bist**; b) **Du wirst gehen**; c) **Wenn**.

Sie können sich auf diese Meditation einlassen. Vielleicht führt Sie Sie dahin, daß Sie sich fragen wer bin ich, und wohin will ich gehen meinen Lebensplan zu erfüllen, wenn ich eins werden will mit meinem Ursprung. Was passierte, wenn..., wenn..., wenn....? Doch all diese Wenns werden nicht weiterführen.

E I - **Du bist jetzt**. Fast möchte ich meinen, dies sei eine Kurzfassung des Neuen Testamentes, eine Kurzfassung aller Anleitungen zum Yoga und zur Selbsterfahrung. Wenn wir ein wenig nachforschen, werden wir bald feststellen, daß die Wurzeln des Yoga sich etwa 40.000 Jahre zurückverfolgen lassen. In den verschiedensten Kulturkreisen wurden Traditionen gepflegt, die die Menschen in der Erkenntnis ihrer Göttlichkeit erhalten, bzw. sie dorthin führen konnten, doch die große Mehrheit der Menschen ergab sich der Ablenkung in die Welt. Als wir Menschen schließlich weiter gereift waren, gab uns Jesus, der endlich zum Christus wurde, ein lebendiges Beispiel, auf daß wir ein Vorbild haben, uns, unserem Ursprung und die in uns wohnenden Kräfte und Begabungen, kurz die Liebe, zu begreifen.

Wenn im Kleinsten das Größte verborgen ist, im Samen der sterbende Baum und die später tausendjährige Eiche, in der Zelle, genauer gesagt, im Zellkern, der ganze Mensch, seine Vorfahren und Nachkommen, so ist mein Aufruf: Laßt uns gemeinsam in eine wunderbare Zukunft aufbrechen, in das Abenteuer, unser gesamtes menschliches Potential zu erkennen und zu entfalten!

Für das Fische-Zeitalter galt – Wissen! Im Wassermann-Zeitalter, wird, nachdem sich die Erkenntnis immer weiter ausgebreitet hatte, daß das Wissen um die Zusammensetzung einer Geige nur sehr wenig mit der Erfahrung von Musik zusammenhängt, der Durst nach Erfahrung immer mächtiger. **Das Wissen um unser Einssein mit Gott kann nicht die Erfahrung des Einsseins ersetzen.**

In der Erfahrung öffnen sich alle Erkenntnisse, alle Einsichten in die Ursachen und Zusammenhänge der Dinge, stehen alle Kräfte und Gesetze uns zu Diensten.

Sollen wir uns länger der Angst zum Opfer überlassen und unter den verschiedensten Versprechungen zu diesem und jenem Mittel zu dieser und jener Technik Zuflucht suchen oder frei zu leben beginnen, vielfältig, schillernd wie die blinkenden Tautropfen morgens auf einer sonnenbeschienenen Sommerwiese, jeder in seiner eigenen Qualität und Kraft, jeder ein Abbild des Universums, jeder ein Symbol des Lebens.

Im „Schutze“ der Geborgenheit der wiedergefundenen Einheit von Schöpfung und Schöpfer, bedarf es keines anderen Vermittlers, als des Bemühens, daß jeder Mensch sich selbst auf den Weg machen muß, sich zu finden. Vielleicht können Sie einwenden, das mag für Heilige gelten, für alle anderen, aber nicht mehr für mich. Vielleicht haben Sie ihr Bemühen schon gänzlich aufgegeben in der irrigen Erkenntnis Ihrer vermeintlichen Unfähigkeit, für sich oder die Welt irgend etwas zu erreichen. **Doch das wunderbare ist: Jeder ist der Mittelpunkt der Welt, seiner eigenen Welt. Wir haben alle die Zusicherung, daß unser Bemühen gelohnt wird.**

> Da es nun Abend ward, sprach der Herr des Weinbergs zu seinem Verwalter: Rufe die Arbeiter und gib ihnen den Lohn und heb an bei den Letzten bis zu den Ersten. Da kamen, die um die elfte Stunde gedingt waren, und es empfing ein jeglicher seinen Groschen. Da aber die Ersten kamen, meinten sie, sie würden mehr empfangen; und sie empfingen auch ein jeglicher seinen Groschen. Und da sie den empfingen, murrten sie wider den Hausvater und sprachen: Die Letzten haben nur *eine* Stunde gearbeitet und Du hast sie uns gleich gemacht die wir des Tages Last und die Hitze getragen haben. Er antwortete aber und sagte zu einem unter ihnen: Mein Freund ich tue Dir nicht unrecht. Bist Du mit mir nicht Eins geworden um einen Groschen. Nimm, was Dein ist, und gehe! Ich will aber diesem Letzten geben gleich wie Dir. Habe ich nicht Macht, zu tun, was ich will mit dem Meinen?
> (Matthäus, 20, 8-15)

Alle erhalten den gleichen, den vollen Lohn. **Sich auf den Weg begebend, ihn gehend, ist das Erreichen des Zieles sicher** – das ist die Wahrheit, die da auch formuliert wurde mit den Worten:

„Der Weg ist das Ziel“.

Ob Sie nun freudig gehen mit kräftigem Schritt, weit ausgreifend, spazieren oder staunend verharren, ob Sie wegen der Steine und des schweren Fortkommens klagen, es bleibt doch der gleiche Weg.

Die Sache mit dem Kreuz

Da gibt es eine Geschichte, ein Gleichnis, das uns allen zum Modell dienen kann, welcher philosophischen Ecke wir uns auch als zugehörig empfinden.

Es war gerade jemand gestorben. Auf einer der folgenden Ebenen wieder zu Bewußtsein gelangend entdeckte dieser Mensch neben sich ein **Kreuz, nicht zu groß und doch lästig, schon allein die Vorstellung, es tragen zu müssen**. Daß er dieses Kreuz aus irgendwelchen Gründen zu tragen galt, war diesem Menschen völlig klar. Er stand auf und stellte zu seiner Überraschung fest, daß die Schmerzen und Beschwerden, die er noch zu Lebzeiten gehabt hatte, alle miteinander weg waren. Und dennoch, dieses Kreuz zu tragen, eine geradezu widerliche Vorstellung. Und so machte er sich, eher mißmutig, auf den Weg, wohin und wie weit, wer mochte es wissen. Hier und da eine Pause machend, sich im Schatten eines Baumes ausruhend, oder, wenn es ihn dürstete, an einer Quelle verweilend und das klare Wasser genießend, setzte er seine Wanderung fort. Alsdann geschah es. Gerade als er sich zur Ruhe gelegt hatte, bemerkte er im Traum ein kleines Männchen, das ihm freudestrahlend und wie Funken hin und her springend, mitteilte: „Ich hab die Lösung! Säg‘ es ab!" Voller Ärger über diese Ironie erwachte der Mensch, noch mit dem Gedanken, wo wird es denn hier eine Säge geben! Doch da lag sie schon, scharf, genau von der Größe, wie sie für diese Arbeit erforderlich war. Ja, das schien sie zu sein – die Lösung! Nun schnell ans Werk und eins, zwei, drei, da hatte das Kreuz eine handliche, ja geradezu bequeme Größe. So ließ es sich leicht tragen – immer noch nicht das pure Vergnügen, aber kein Vergleich.

Immer öfter sah der Mensch nun andere Menschen, die ihr Kreuz trugen. Die meisten hatten sich auf die Erkenntnis eingelassen, daß mit dieser Arbeit wohl auch eine Entwicklung verbunden sein würde und waren geradezu heiter, bei jedem Schritt zu bemerken, wie der innere Wandel deutlicher und deutlicher wurde, kaum daß sie den Widerstand aufgegeben und nach vorn zu blicken begonnen hatten. Da vorn, da war es. Das Ziel, die himmlische Heimat. Alle hatten ihre Last zu tragen. Für den einen schien es mehr, bei den anderen weniger, doch wer weiß was alles vorausgegangen war. Über dieser himmlischen Heimat gelegen, war eine tiefe, tiefe Schlucht. Alle die ihr Kreuz getragen hatten, fanden eine Stelle des Weges, wo es sich genau einfügen ließ. Und kaum hatten sie die Kanten der Schlucht überbrückt, und das jetzt liegende Kreuz gleich einer Brücke überschritten, waren sie im Ziel und das Kreuz, als Symbol der Dualität, der Mühen, die aus der Spaltung sich ergeben hatten, das doch zugleich rechts und links, vorne und hinten, oben und unten verbindet, hatte seinen Zweck erfüllt und verschwand vollständig. Da stand er nun, der Mensch, mit seinem „bequemen Kreuz", zu tragen schien es leicht. Doch was nützte es jetzt, wo es als Brücke zu kurz war? Da kam einer daher, der wußte, wo die Kreuze gemacht wurden. Ein weiter Weg zwar und beschwerlich auch der Rückweg, aber mit etwas gutem Willen eigentlich kein Problem. Mit diesem Hinweis war er wieder verschwunden.

Möge die große Schöpfungsursache, die gleichbedeutend ist mit dem Erhalt und dem Inhalt, Sie können sie Gott nennen und in Christus symbolisiert finden, wirkend durch den Geist – Gott hat viele Namen, möge also diese Liebe jeden Ihrer Atemzüge mit Ihrer Kraft segnen, den Verstand mit Klarheit und den Geist mit Erkenntnis.

Mögen Ihre Augen überall die Liebe der Schöpfung erkennen und Liebe aus Ihnen strahlen.

Möge jeder Gedanke, jedes Wort, jede Tat ein Zeugnis Ihrer Liebe sein und das Ergebnis ein Zeugnis der Fülle und Kraft.

„Wenn ich mit Menschen- und Engelszungen redete und hätte der Liebe nicht, so wäre ich ein tönend Erz oder eine klingende Schelle.
Wenn ich weissagen könnte und wüßte alle Geheimnisse und alle Erkenntnis und hätte allen Glauben also, daß ich Berge versetzte, und hätte der Liebe nicht, so wäre ich nichts.
Und wenn ich alle meine Habe den Armen gäbe und ließe meinen Leib brennen und hätte der Liebe nicht, so wäre mir's nichts nütze.
Die Liebe ist langmütig und freundlich, die Liebe eifert nicht, die Liebe treibt nicht Mutwillen, sie blähet sich nicht, sie stellet sich nicht ungebärdig, sie suchet nicht das ihre, sie läßt sich nicht erbittern, sie rechnet das Böse nicht zu, sie freuet sich nicht der Ungerechtigkeit, sie freuet sich über der Wahrheit, sie verträgt alles, sie glaubt alles, sie hofft alles, sie duldet alles.
Die Liebe höret nimmer auf, so doch die Weissagungen aufhören werden und die Sprachen aufhören werden und die Erkenntnis aufhören wird. Denn unser Wissen ist Stückwerk, und unser Weissagen ist Stückwerk.
Wenn aber kommen wird das Vollkommene, so wird das Stückwerk aufhören.
Als ich ein Kind war, redete ich wie ein Kind und war klug wie ein Kind und hatte kindliche Anschläge; da ich aber ein Mann ward, tat ich ab, was kindisch war.
Wir sehen jetzt durch einen Spiegel in einem dunklen Wort; dann aber von Angesicht zu Angesicht. Jetzt erkenne ich's stückweise; dann aber werde ich erkennen, gleich wie ich erkannt bin.
Nun aber bleibt Glaube, Hoffnung, Liebe, diese drei; aber die Liebe ist die Größte unter ihnen.“

(1. Korinther, 13)

Literatur

Anagnostatos, G.S., Vithoulkas, G., Garzonis, P., Tavouxoglou, C.: A Working Hypothesis for Homoeopathic Microdiluted Remedies. The Berlin Journal on Rearch in Homoeopathy 1 (1991) 141-147, in Walach, H., Die Bedeutung nichtlokaler Effekte für die klinische Forschung AHZ 241 (1996) 3, S. 98-121

Anagnostatos, G.S.: Small Water Clusters (Clathrates) in the Homoeopathic Preparation Process. In Endler, P.C., Schulte, J. (eds.): Ultra High Dilution. Physiology and Physis (1994) 121-128, in Walach, H., Die Bedeutung nichtlokaler Effekte für die klinische Forschung AHZ 241 (1996) 3, S. 98-121

Anagnostatos, G.S., Pissis, P., Viras, K.: Possible Water Clusters Formation by Dilution and Succussions Atoms, Molecules and Clusters. Zeitschrift für Physik D (1995), in Walach, H., Die Bedeutung nichtlokaler Effekte für die klinische Forschung AHZ 241 (1996) 3, S. 98-121

Aspect, A., Grangier, P., Roger, G.: Experimental Realization of Einstein-Podolsky-Rosen-Bohm-Gedankenexperiment —A New Violation of Bell's Inequalities. Physics Review Letter 49 (1982a) 91-94, nach Walach, H., Die Bedeutung nichtlokaler Effekte für die klinische Forschung AHZ 241 (1996) 3, S. 110

Begley, S.; Odenwald, M.: Warum Frauen anders denken als Männer, Fokus (14) 1995, S. 158-164

Berezin, A.A.: Isotopical Positional Correlations as a Possible Model for Benveniste Experiments. Medical Hypotheses 31 (1990) 43-45, in Walach, H., Die Bedeutung nichtlokaler Effekte für die klinische Forschung AHZ 241 (1996) 3, S. 98-121

Bhagvad-Gita; Wie sie ist, übersetzt von Swami Prabhupada; The bhaktivedanta book trust, 6. Aufl., 1983

Bhajan, Y.; The teachings of Yogi Bhajan, Kundalini-Research Institute, 1977

Bodian, S., Love is the healer, Yoga-Journal, May/June 1990, S. 49

Breuer, Reinhard, Der Flügelschlag des Schmetterlings, Deutsche Verlagsanstalt Stuttgart, 1993, S. 6

Browne, M.T.; Jenseits der Schwelle, Verlag Droemer und Knaur, München 1995

Burkhard, G.; Das Leben in die Hand nehmen: Arbeit an der eigenen Biographie; 5. Aufl., Verlag Freies Geistesleben, Stuttgart, 1995, S. 158-160

Burkhard, G.; Das Leben in die Hand nehmen: Arbeit an der eigenen Biographie; 5. Aufl., Verlag Freies Geistesleben, Stuttgart, 1995, S. 168

Clapp, M.W.; http://pw2.netcom.com/~kevelaer/morph.html

Cryz, S.J. (Herausgeber): Immunotherapie and vaccines, Weinheim, New York, Basel, Cambridge, 1991 in Kummer, K.-R., Impfungen im Kindesalter, Der Merkurstab 4/1995, S. 319

Detlefsen, T.H.; Das Erlebnis der Wiedergeburt, Berteltmann-München, 1976

Detlefsen, T.H.; Das Leben nach dem Tode, Heine-Verlag, München, 1974

Eadi, B.J.; Licht am Ende des Lebens, Verlag Droemer und Knaur, München 1994

Gray, J.; Mars, Venus, Eros, Goldmann-Verlag, München, 1996

Gray, J.; Männer sind anders. Frauen auch, Goldmann-Verlag, München, 1993, S. 229-233

Harbhajan Singh Khalsa Yogiyi, Communication: Liberation or condemnation, San Francisco, 1980

Heesemann, J., Zur Evolution von bakteriellen Krankheitserregern „Quantensprünge", Münchn. Med. Wochenschr. Nr. 139 (1997), Nr. 50, S. 7397-40

Jasmuheen, Licht-Nahrung, Koha-Verlag, Burg Rain, 1996

Khalsa, Gurucharan Singh; Introduction to the 81 facets of the mind as taught by Yogi Bhajan, Khalsa Consultants, 1997

Khalsa, Siri Amir Singh, The ancint art of self-healing, Silverstreak Press, Ltd. Eugene, Oregon, 1982, S. 4-5

Khalsa Tarn Tarankaur, Yoga für werdende Eltern, Hugendubel-Verlag, 1994

Kübler-Ross, E.; Was können wir noch tun?, Kreuz-Verlag, Stuttgart-Berlin, 1975

Kübler-Ross, E.; Interviews mit Sterbenden, Kreuz-Verlag, Stuttgart-Berlin, 1975

Kummer, K.-R., Impfungen im Kindesalter, Der Merkurstab 4/1995

Kundalini Yoga; The flow of internal power; Shakti Parwha Kaur Khalsa; Time Capsule Books; Los Angeles, California, 1996, S. 5-6

Laszlo E., Kosmische Kreativität, Neue Grundlagen einer einheitlichen Wissenschaft von Materie, Geist und Leben, Insel-Verlag, Frankfurt, 1995 in: Schmieke, M., Das Lebensfeld, Ines-Verlag, 1997, S. 206-8. Grundlagen einer spirituellen Auffassung vom Leben/Marcus Schmieke.-Lauterstein: INES-Verl., 1997, (Tattva Viveka: Schriftenreihe; Bd. 2) ISBN 3-9804133-1-8, S. 197-98

Leadbeater, C.S.; The Chakras. India: The theosophical publishing house, 1969 in Communication: Liberation or condemnation by Harbhajan Singh Khalsa Yogiyi, San Francisco 1980, S. 52
Lievegoed, B.C.J., Entwicklungsphasen des Kindes
Lorber, J.; Bischoff Martin; 3. Aufl., Lorber-Verlag, Bietigheim, 1960 sowie Lorber, J.; Von der Hölle zum Himmel I und II; Lorber-Verlag, Bietigheim, 3. Aufl. 1963
Matsumoto, J.: Molecular Mechanism of Biolones. Medical Hypotheses 45 (1995) 292-296, in Walach, H., Die Bedeutung nichtlokaler Effekte für die klinische Forschung AHZ 241 (1996) 3, S. 98-121
Moeller, L.M.; Die Wahrheit beginnt zu zwei. Das Paar im Gespräch, Rowohlt, 1988
Moody, R.A.; Leben nach dem Tod; Rowohlt-Verlag, Reinbeck, 1977
Morgenthaler, U.; Persönliches Selbstverständnis im Lebenslauf; Flensburger Hefte (31), Flensburger Hefte-Verlag GmbH, 1992, S. 41-50
Neuner-Roos, Der Glaube der Kirche in den Urkunden der Lehrverkündigung; Regensburg, 1975, S. 200
Oeser, E.: Wissenschaftstheorie als Rekonstruktion der Wissenschaftsgeschichte. Bd. 1: Metrisierung, Hypothesenbildung. Bd. 2: Experiment, Erklärung, Prognose. Oldenbourg Verlag, Wien 1979, in Walach, H., Die Bedeutung nichtlokaler Effekte für die klinische Forschung AHZ 241 (1996) 3, S. 98-121
Pandit, M.P.; Kundalini-Yoga, Drei-Eichen-Verlag, 1968, S. 35
Paton, J.C. et al. (1986), Antibody responds to pneumococcal vaccine; A J Dis Child, 140, 135-138, zitiert bei: Meyer, M., Gahr, M.: Immunologische Grundlagen der Polysaccharid-Protein-Konjugat-Impfung. Monatsschr. Kinderheilk. (1993) 141, 770-776, in Kummer, K.-R., Impfungen im Kindesalter, Paton
Paulo Coelho; Der Alchimist; Diogenes-Verlag, Zürich, 1996, S. 134-138
Peat, F.D., Synchronizität, die verborgene Ordnung, Goldmann, Scherz-Verlag, Bern-München-Wien, 12.92, S. 193
Ritchie, G., Rückkehr von morgen, Lahrmann-Bücher, 24. Aufl., 1995
Robbins, A., Grenzenlose Energie – Das Powerprinzip, Heine-Verlag, München, 1986
Rohen, A.; Rhythmen im Lebenslauf, Merkblätter für eine bewußte Lebensführung in Gesundheit und Krankheit, Nr. 124, Verein für erweitertes Heilwesen, Bad Liebenzell, 1994, S. 24/25
Ruf, B., Statt Pillen: bei Fieber kühlen Kopf bewahren, Münch. Med. Wochenschr., 139 (1997), Nr. 50, S. 9
Satir, V.; Kommunikation, Selbstwert und Kongruenz, Jungfermann-Verlag, Paderborn, 1994, S. 41
Schmieke, M.; Das Lebensfeld: naturwissenschaftliche Grundlagen einer spirituellen Auffassung vom Leben/Marcus Schmieke.-Lauterstein: INES-Verl., 1997, (Tattva Viveka: Schriftenreihe; Bd. 2) ISBN 3-9804133-1-8
Sharamon, S., Baginski, B.; Das Chakra-Handbuch, Windpferd-Verlag, 1997, S. 11
Singh, S.: Kundalini-Yoga, Meditation und Philosophie, Hamburg, 1996, S. 2; Yogi Bhajan, 13. Februar 1988
Steiner, R., Vortrag vom 27.10.22 in Physiologisch-Therapeutisches auf Grundlage der Geisteswissenschaft, Dornach, 1975 in Kummer, K.-R., Impfungen im Kindesalter, Der Merkurstab 4/1995, S. 322
Steiner, R. Wegmann, I. Grundlegendes für eine Erweiterung der Heilkunst nach geisteswissenschaftlichen Erkenntnissen (1925) GA 27. Dornach: Rudolf Steiner Velag, 1977; in Albonico, H. Gewaltige Medizin, Verlag Paul Haupt, Bern, Stuttgart, Berlin, S.: 27
Vollmar, K.; Chakra-Arbeit, Goldmann-Verlag, 1994, S. 246-248
Walach, H., Die Bedeutung nichtlokaler Effekte für die klinische Forschung AHZ 241 (1996) 3, S. 98-121, Wolff, O., Masern in Husemann, F., Wolff, O.: Das Bild des Menschen als Grundlage der Heilkunst, 5.Aufl., Stuttgart, 1991, S. 26 ff. in Kummer, R., Impfungen im Kindesalter, Der Merkurstab 4/1995, S. 318
Yogi Bhajan, Gurucharan Singh Khalsa; The Mind, KRI, Espanola, 1998